Über dieses Buch Fünf Vorträge – fünf Temperamente – Beispiele der anhaltenden, vielfältig intensiven Diskussion über Werk und Person Thomas Manns – mehr als drei Jahrzehnte nach seinem Tod. Der Sammeltitel weist auf München, wo diese Vorträge Ende 1987 gehalten wurden – weist auf *die* Stadt, die bis 1933 den »äußeren Rahmen für seine Existenz als Schriftsteller bot«, in der er lebte, als er 1929 mit der Verleihung des Nobelpreises »die Höhe seines Ruhms« erreichte. Alle Referenten binden dieses »unser gutes München« bei aller »Mischung von Stumpfsinn, Leichtsinn und Schwabingerei«, wie Thomas Mann es empfand, je nach ihrem Thema in ihre Betrachtungen ein. Im Mittelpunkt aber bleibt immer Thomas Mann – als erotischer Schriftsteller, als ideologiekritischer, als vermeintlich unpolitisch politischer, als seine Vorbilder werk- und lebenslang überwindender, als Leben und Tod dialektisch fassender Schriftsteller, kurzum als das 19. mit dem 20. Jahrhundert verbindender eigentlicher Klassiker der Moderne.

Thomas Mann und München

Fünf Vorträge von

Reinhard Baumgart
Joachim Kaiser
Kurt Sontheimer
Peter Wapnewski
Hans Wysling

Fischer Taschenbuch Verlag

Die fünf Vorträge dieses Bandes wurden im Herbst 1987 in einer Veranstaltungsreihe der Bayerischen Rückversicherungs AG im Rahmen der Thomas Mann-Ausstellung ›Heller Zauber‹ im Kunstverein München gehalten.

Originalausgabe
Veröffentlicht im Fischer Taschenbuch Verlag GmbH,
Frankfurt am Main, Juni 1989

Umschlagentwurf: Buchholz / Hinsch / Hensinger
Gesamtherstellung: Clausen & Bosse, Leck
Printed in Germany
ISBN 3-596-26898-2

Inhalt

REINHARD BAUMGART

Der erotische Schriftsteller

Es ist sicher gut, daß die Welt nur das schöne Werk,
nicht auch seine Ursprünge, nicht seine Entstehungs-
bedingungen kennt...
Gustav von Aschenbach in ›Der Tod in Venedig‹

Literatur, das ist für mich das Letzte. Kunst ist nur in
dem Augenblick interessant, in dem sie entsteht.
Federico García Lorca in einem Interview

Im Goethejahr 1949, in dem Thomas Mann mit Vorträgen die beiden Teile Deutschlands festlich bereist, blättert im östlichen Berlin
auch sein großer Feind und Antipode Brecht in den Texten des zwei-
hundertjährigen Weimarer Kollegen. Er gerät in den ›Wilhelm Meister‹ und ist beides, sowohl erstaunt wie empört: »diese bücher wurden uns auf der schule verleidet, indem sie von den langweiligsten
menschen in der langweiligsten weise gerühmt wurden. wie konnte
man vermuten, daß ein roman, den die deutschlehrer, diese ge-
schlechtslosesten aller wesen uns aufdrängten, etwas enthalten
könnte wie die szene, in der *philine* ihre pantöffelchen vor das bett
des *helden* stellt, damit er glaube, sie liege in seinem bett, ahnend,
dies könnte ihn verstören, müßte ihn aber vorbereiten auf ihren
wirklichen besuch?« Und Brecht beschließt seinen Unmutsausbruch
mit dem kategorischen Satz: »die deutschlehrer haben sich mit ihren langen bärten vor das einzige ruhelager der sinnlichkeit der
deutschen literatur gestellt!«
Etwas Ähnliches, wenn auch sicher nicht das gleiche, ist den Werken Thomas Manns geschehen. Wann immer über sie geredet,
geschweige denn geschrieben wird, hören wir von Judentum,
Deutschtum, Künstler- und Bürgertum, von Dionysos und asketi-
schen Idealen, von Lübeck, Venedig, Theben und vom Odeonsplatz,
von Gottesferne, Ironie, Transzendenz oder deren Fehlen, von Hermes und Hitler, von Eichendorff, Fontane, Freud und Leitmotiven,
von Strukturalismus und Antisemitismus – und das alles, könnte
Thomas Mann nun in der Maske des Kellners Mager im Weimarer
Hotel ›Elephant‹ beteuern: das alles, was wir anläßlich seines Wer-

kes hören, sei überaus »buchenswert«. Dieses Gebuchte verdeckt
aber doch – wie die »deutschlehrer mit ihren langen bärten« – viel,
wenn nicht alles von der sinnlichen Erscheinung des Mannschen
Erzählens. Zu schnell, zu beflissen haben die Interpreten dieses
Autors seinem eigenen Drang nachgegeben, alles Konkrete zu füllen – um nicht zu sagen: aufzublasen – mit Bedeutung. Die Folge:
gerade das Offensichtliche wird übersehen.

Denn offensichtlich erzählt Thomas Mann doch eine lückenlose
Folge von Liebes-, von Passionsgeschichten, vom kleinen Herrn
Friedemann und Gerda von Rinnlingen, von Spinell und Gabriele
Klöterjahn, von Imma Spoelmann und ihrem weltfernen Prinzen,
von Aschenbach und dem mit seiner Schönheit zum Tode verfüh-
renden Knaben Tadzio, vom mittelmäßigen Hans Castorp und seiner slawischen »warmen Katze«, also Madame »Chauchat«, von der
rasenden Mut und dem keuschen Joseph, von inzestuösen Geschwi-
sterpaaren, verratenen Liebhabern und am Ende noch von einer
glücklich in Tod und Leben und einen sportlichen amerikanischen
Hauslehrer verliebten rheinischen Dame jenseits der Wechseljahre.
Ja, noch auf der letzten, zu seinen Lebzeiten veröffentlichten Er-
zählseite, in den Schlußsätzen des ›Felix Krull‹ stürzt sich eine
mächtige Portugiesin, Mutter Natur und weiblicher Stier, mit
»Holé! Heho! Ahé!« auf ein Männchen, das den Überfall etwas ge-
pflegter und konventioneller ausdrückt als sie: »Und hoch... sah
ich unter meinen glühenden Zärtlichkeiten den königlichen Busen
wogen.«

Diese Szene, Thomas Manns letzte, aus seinem achtzigsten Jahr, ist
»buchenswert« insofern, als dieses mächtige portugiesische Fleisch
unter sich auch begräbt, was erotisch genannt werden kann in diesem lebenslangen Erzählen. Denn von Vereinigung, »unbewußt,
höchste Lust«, kann der Erotiker nur träumen. Sein Feld ist das
Vorspiel. Er braucht, wie immer gering, die Distanz zum geliebten
Gegenstand, um das Spiel der Annäherung oder Entfernung, die
Erkundung des nicht oder noch nicht Erlaubten, um seine Belage-
rung durch Blicke, Gesten, Worte betreiben zu können.

Erotisch sind gleich die ersten Seiten erzählende Prosa, die der Acht-
zehnjährige in dem schöngeistigen Lübecker Blättchen ›Der Früh-
lingssturm‹ drucken ließ, eine Prosaskizze unter dem Titel ›Vision‹,
die in charakteristischer Jugendmischung beides ist, cool und
schwül, die mit einer lässig gedrehten Zigarette einsetzt und veren-

det in den Sätzchen: »Du liebtest mich doch... Und das ist es, warum ich nun weinen kann.« Ein Stück von eleganter Unselbständigkeit, so mag der Literarhistoriker befinden, décadence mit süßlich Wiener Einschlag. Aber auf ihrem Höhepunkt fällt der Blick dieser ›Vision‹ aus kostbarlicher Sprache auf eine Mädchenhand: »Träumerisch und regungslos ruht die Mädchenhand. Nur da, wo sich über ihr mattes Weiß weich eine hellblaue Ader schlängelt, pulsiert Leben, pocht Leidenschaft langsam und heftig. Und wie es meinen Blick fühlt, wird es rascher und rascher, wilder und wilder, bis es zum flehenden Zucken wird. Laß ab...«

Hände, Arme, männlich, weiblich, sehr jung oder schon hinfällig, werden wir im Mannschen Erzählwerk immer wieder auftauchen sehen und immer als lockende Signale, beobachtet mit melancholisch sehnsüchtigen eher als mit gierigen Blicken. Segmentierung des Körpers, der isolierte Teil als Signal fürs Ganze –, schon daran erkennt man einen erotischen Tick, eine erotische Strategie. Aber in den Mannschen Erzählungen von der Jahrhundertwende erinnern solche Sprachblicke auch an die Mode der Zeit, die wenig Haut und Fleisch freilegte, nämlich nur Gesicht, Schultern, Hals, Hände und bestenfalls eben ein Fragment Arm. Figur und Körper ließen sich, üppig verhüllt, nur ahnen. Kein Wunder, daß die Frauenbilder in der Prosa aus den ersten Münchener Jahren gerade leben von der Spannung zwischen übergenauen, pedantischen Details und einem mehr oder minder lüstern verschleierten Ganzen.

Ihr lichtbraunes Haar, tief im Nacken zu einem Knoten zusammengefaßt, war glatt zurückgestrichen, und nur in der Nähe der rechten Schläfe fiel eine krause, lose Locke in die Stirn, unfern der Stelle, wo über der markant gezeichneten Braue ein kleines, seltsames Äderchen sich blaßblau und kränklich in der Klarheit und Makellosigkeit dieser wie durchsichtigen Stirn verzweigte. Dies blaue Äderchen auf der Stirn über dem Auge beherrschte auf eine beunruhigende Art das ganze feine Oval des Gesichts.

Die Hautfarbe ihres ovalen Gesichts war mattweiß, und in den Winkeln ihrer ungewöhnlich nahe beieinanderliegenden braunen Augen lagerten bläuliche Schatten... ob aber ihr Mund schön war, konnte man nicht erkennen, denn sie schob unaufhörlich die Unterlippe vor und wieder zurück, indem sie sie an der Oberlippe scheuerte.

Da öffnete sich die Korridortür, und von der Dämmerung umgeben

stand vor den beiden, in einem faltig hinabwallenden Hauskleide
aus schneeweißem Pikee, eine aufrechte Gestalt. Das schwere, dun-
kelrote Haar umrahmte das weiße Gesicht, und in den Winkeln der
nahe beieinanderliegenden Augen lagerten bläuliche Schatten.
...obgleich die Dunkelheit ihres starken, weichen Haares...nur die
Bräune des Kastanienkerns war, so zeigte ihre Haut doch ein voll-
kommen südliches mattes und dunkles Gelb, und diese Haut um-
spannte Formen, die ebenfalls von einer südlichen Sonne gereift
schienen und mit ihrer vegetativen und indolenten Üppigkeit an
diejenigen einer Sultanin gemahnten.

Ich zitiere diese Schönschriftporträts der frühen Mannschen Prosa
so ausführlich nicht oder nicht nur, um auf zwanghaft zärtliche
Wiederholungen hinzuweisen – auf Gesichtsoval, Bläulichkeiten,
mattes Hautweiß, nahe beieinanderliegende Augen usw. –, auch
nicht, um zu beweisen, daß in den meisten dieser Stereotypen sich
das Mutterbild der geborenen da Silva-Bruhns durchdrückt. Was
mir wichtiger erscheint, ist zunächst, daß mit diesen wenigen Variationen, die sich auf die Formeln leidender und gefährlicher Liebreiz
sowie gewissenlose Laszivität bringen ließen, daß damit das erotische Frauenrepertoire des jungen Thomas Mann fast schon er-
schöpft ist. Verräterischer noch sind Machart und Klima dieser
Frauenbilder oder vielmehr Bildidole. Sie sind kühl, umrißscharf
und wieder segmentierend gearbeitet, doch voller Reiz und Lok-
kung. In diesen Porträts werden Frauen einem männlichen Blick
hingehalten als erotische Objekte, wie Stilleben, ohne ein erkennba-
res Eigenleben. Ausstrahlung ist ihr Geschäft. Denn Licht sollen sie
werfen, Licht auf die männlichen Passionen, die sie aufstören.
Friedemann, kaum daß er Gerda von Rinnlingen (im gelben Jagdwagen mit Peitsche!) zum ersten Mal gesehen hat, senkt instinktiv
den Blick, betrachtet das Pflaster. Spinell, als er der zerbrechlichen
Gabriele auf dem Korridor des Sanatoriums zum ersten Mal begeg-
net, »verfärbte sich geradezu..., blieb stehen und stand noch immer
wie angewurzelt, als sie schon längst entschwunden war«. Noch der
›Zauberberg‹ wird Erbleichen und Erröten, diesen Bluttest vor allem
Bewußtsein der Verliebtheit in allen Variationen vorführen. Denn
die Kühle und Genauigkeit, mit der Thomas Mann seine frühen
Frauenbilder ausführt, diese Nähe zu glatter, unpersönlicher Salonmalerei täuscht. Genauer: sie ist doppel- oder dreideutig, sie verdeckt etwas. Andacht hat an diesen Frauenporträts gearbeitet, aber

auch Schrecken, aber auch Befremdung, ja Spott – das alles andeutend, zart, kühl, gehaucht, wie in mehreren Schichten übereinander gemalt. Frauen wie Pflanzen, Schlingpflanzen, wie schöne, üppige Einrichtungsgegenstände, unter denen sie, mit Vorliebe im Gegenlicht, erscheinen, Frauen im Jagdwagen der Diana, mit antreibender Peitsche, Frauen mit Sphinxgesicht. Ähnliche Lock- und Drohwesen, immer umgeben von einer Aura naiver oder mondäner Fremdheit, hat auch die gleichzeitige Münchener Salonmalerei um Franz von Stuck inszeniert.

Doch von ihr unterscheiden sich die frühen Novellen Manns eben dadurch, daß sie sich nie verlieren in bloße Dekorationskunst. Sicher: auch diese Prosa sollte ihren Autor gesellschaftlich etablieren durch Könnerschaft. Aber seine Lebenserfahrung, die nicht vollkommen disponibel ist, schreibt unüberhörbar, ununterdrückbar mit. Und die insistiert mit zarter Penetranz darauf, daß es zwischen Männern und Frauen zur Katastrophe kommen muß. »Das Ende war so traurig«, heißt es in einer der frühen Geschichten, »wie wenn zwei sich unauflöslich umschlungen halten und, während ihre Lippen aufeinanderliegen, das eine dem anderen ein breites Messer oberhalb des Gürtels in den Körper stößt, und zwar aus guten Gründen.« Denn die erotische Lockung ist immer schon eine in den Untergang. Der kleine bucklige Friedemann, der geistesabwesend und instinktgenau den Blick senkt vor Gerda von Rinnlingen, scheint das zu ahnen.

Friedemann, ein armer grotesker Vetter des Senator Thomas Buddenbrook, läßt sich versinken im Wasser, in das sich der Konsul nur in schopenhauerischer Kontemplation verloren hatte. Der Rechtsanwalt Jacoby, von seiner Frau sadistisch in einen Striptease getrieben, bricht auf offener Bühne mit einem Herzschlag zusammen. Der schwindsüchtige Paolo Hofmann muß am Ziel seiner Wünsche, endlich im Besitz seiner Braut, am Morgen nach der Hochzeitsnacht sterben. »Der Tod als Ausgang der Geschichte«, schreibt ein gutmütiger Thomas-Mann-Interpret, »war auch eine Konvention der damaligen Zeit und stellte gleichzeitig für einen unerfahrenen Schriftsteller die bequemste Lösung dar.« Man könnte diese Passionsgeschichten mit tödlichem Ausgang auch weiter hinunterrelativieren ins Konventionelle und damit Unverbindliche durch die Erinnerung an Wilde und Wedekind, Salome und Lulu, an die lange Tradition der belle dame sans merci, die damals in Wien wie in München neue scharfe Sumpfblüten trieb. Wäre nicht immer wieder auffallend die Thomas Mannsche Abweichung und Variante: Passion ist das Thema, doch dargestellt wird sie, wie in Abwehr, mit sicher und kühl kontrollierten Mitteln. Auch szenische Zumutungen werden vorgetragen mit Vorsicht und Geschmack: hier schreibt kein Wedekind. Die Helden und Opfer dieser Erzählungen mögen sich, nach langer Gegenwehr, gehen lassen, doch die Prosa, in der das geschieht, bewahrt Haltung, ein wenig steif, unterirdisch sogar mokant. Sie neutralisiert, auf eine bald gefährliche, bald nur launische Weise alles, was in ihr an Asozialem, an Unglück, Geschmacklosigkeit oder auch nur Sentimentalität geschieht.

Zwischenfragen also sind angebracht und erlaubt. Wollte sich dieser junge Mann von Anfang zwanzig mit seiner erstaunlichen Altherrenmanier, heiter, souverän, leger entspannt, auch resigniert, etwa nur in Sicherheit bringen und vor was? Lassen sich Stil und Haltung also verstehen als Masken und was sollten die verbergen? Wenn es aber nur um Vorsicht, Geschmack, kluge Gesellschaftskunst gehen sollte, warum wird der Riß dieser Politur durch die dissonante Kombiatorik aus Krankheit, Erotik, Tod immer wieder riskiert? Denn erotisch ist hier immer wieder nur alles Weibliche, das sich entzieht, oder, schlimmer, das in den Untergang zieht. Sollen wir auch das nur als epigonale Wagnerianerei und Jahrhundertwende-Zeitgeist verstehen?

Das Stichwort »Maske« läßt Thomas Mann selbst fallen, als er sich brieflich über den mit ›Der kleine Herr Friedemann‹ erreichten Standard seiner Kunst zufrieden äußert: Seitdem, sagt er, »vermag ich plötzlich die diskreten Formen und Masken zu finden, mit denen ich mit meinen Erlebnissen unter die Leute gehen kann«. Für das Ende Friedemanns, eines schluchzenden, buckligen, tödlich Verliebten, der, von seiner grausamen Isolde weggestoßen, sich ins erlösende Wasser plumpsen läßt, mag »diskret« ein merkwürdiges Wort sein. Aber Friedemanns Autor Mann war nicht bucklig, ließ sich nicht plumpsen, fallen, gehen, riskierte auch, soweit wir wissen, nie die Abweisung einer Frau. Hinter der »Maske« dieser grausamen Geschichte spielte er eine andere durch, »diskret«, die er offenbar für gefährlicher halten mußte.

In den ersten Jahren des neuen Jahrhunderts geschieht dem jungen Menschenkenner und Kunstkönner, dem diskreten Herrn der Formen und Masken etwas, worauf er nach zwei ähnlichen Erfahrungen in der Lübecker Gymnasialzeit wohl gefaßt sein mußte: er steht ganz im Bann einer Neigung zu dem Maler Paul Ehrenberg, einem rundherum netten, aber wohl auch unerreichbar netten Schwabinger Künstler. Es lockten, unerreichbar, zärtlich bestaunt, spöttisch durchschaut, die »Wonnen der Gewöhnlichkeit«.

Ich sagte ebenso pathetisch wie nichtssagend »im Banne einer Neigung«, denn wir ahnen viel und wissen genau nichts. Wir kennen ein paar scheue, werbende, man hätte damals wohl gesagt »kameradschaftliche« Briefe an Ehrenberg, gequält heitere an den Schulfreund Grautoff, emphatische Geständnisse und souveräne Selbstanalysen an Bruder Heinrich, und lesen müssen wir diese knappen Zeugnisse im Licht eines dreißig Jahre späteren Tagebuch-Geständnisses, diese Ehrenberg-Passion wäre die »zentrale Herzenserfahrung« seines Lebens gewesen. Aber wir sollten und wollen auch gar nicht durch ein Schlüsselloch und dann noch ins Halbdunkel blinzeln. Wichtig allein sind die Spuren, die diese Jahre mit und fern von Paul Ehrenberg in den Notiz- und Arbeitsheften hinterlassen haben. »Das Ganze«, schreibt er an den Bruder, »ist Metaphysik, Musik und Pubertätserotik: – ich komme nie aus der Pubertät heraus...«

Der Blick in die Notizbücher der Jahre 1901, 1902 und 1903 beweist: diese Verwirrung sollte sich lohnen. Figuren- und Konfliktskizzen, Motiv-, Novellen-, Romanideen zucken auf, werden auf- und abgeblendet, verschränken und verwirren sich. Der junge Autor der ›Buddenbrooks‹ versorgt sich mit Reiz, Stoff und Aufgaben für Jahre, ja Jahrzehnte: tatsächlich werden nicht nur ›Tonio Kröger‹ und ›Königliche Hoheit‹ sowie lauter Geschichten aus ihrem Umkreis hier vorformuliert, sondern die erste, drei Zeilen lange Keimzelle zum vierzig Jahre später geschriebenen ›Doktor Faustus‹ taucht hier auf. Dieser Autor, Mitte, Ende zwanzig, verwirrt und gereizt von sehr verspäteter »Pubertätserotik«, war hoch in Form.

Doch im Zentrum dieser Inspirationshochphase steht die suchende, in kurzen Porträts und Szenen auch schon jäh zupackende Vorbereitung eines nie realisierten Projekts, das als Novelle erst ›Die Liebenden‹, als Roman dann ›Maja‹ heißt und dessen Restbestände Jahrzehnte später in die Münchener Kapitel des ›Doktor Faustus‹ gerettet werden sollten. Die Kernfabel: eine junge Frau, Adelaide, liebt aussichtslos einen unerreichbar netten jungen Geiger. Paul Ehrenberg also, der Maler, ist »diskret« als Musiker getarnt, sein Freund aber, der hier sein Leben in Fiktion hinüberprojizierende Thomas Mann hat sich als Frau – müssen wir nun sagen: verkleidet oder entdeckt?

Diese Verwandlung, in der ihr Autor sich verbirgt *und* entblößt, geschieht in den Notizbüchern mit gespenstischer Logik und auf offener Szene: eben noch war von einem Ich, von Thomas Mann also und seinem Freund P. und einem wirklichen gestrigen Schwabinger Abend die Rede, aber unmerklich wird Realität übergeblendet in Fiktion, das Pronomen »ich« verwandelt sich in »sie« und Adelaide leidet an ihrem Geiger. Thomas ist Adelaide und keiner ganz er selbst, eine leidende Liebe wird, noch lebenswarm, schon Kunstmaterial, so daß nichts mehr ganz wirklich, nichts nur erfunden bleibt: wir beobachten Einbildungskraft bei ihrer Befreiungs- und Evolutionsarbeit, zäh und in Sprüngen. Diesem Sechs- und Siebenundzwanzigjährigen über die Schulter blickend, fangen wir auch an zu begreifen, warum er seine Schreibarbeit so gern unter dem Doppelzeichen von Eros und Ironie verstehen wollte. Sie betreibt ständig ein Spiel von Annäherung und Distanzierung, stellt Aura her und entzaubert sie. Sie belagert, belauert ihre Gegenstände, neugierig, auch leidend und zärtlich und dann doch: Bescheid wissend, resigniert. Es ist einmal der ›Tonio-Kröger‹-Ton, der hier gefunden wird, die klügste, sentimental zerbrechlichste Sublimierung einer homoerotischen Grunderfahrung, aber dagegen steht in diesen Notizbüchern, in der Geschichte von Adelaide und dem Geiger, eine andere, zugleich grellere und dunklere Schicht, die erst fast ein halbes Jahrhundert später im ›Doktor Faustus‹ wieder auftauchen wird.

Denn die erste notierte Szene aus diesem Komplex ist – ein Mord: die junge Frau hat den Unerreichbaren erschossen, genau wie im Faustus-Roman Ines Rodde ihren und Adrians und niemandes Rudi Schwerdtfeger erschießen wird. Genau wie – so müßten wir nun eigentlich fortfahren – genau wie Thomas Mann seinen Paul Ehrenberg eben nicht erschossen hat. Doch die Sätze, in denen er diese mörderische, finale Lösung halluziniert, sprechen für sich. So jäh, halbgenau, zitternd, unmittelbar hat er kaum je geschrieben. Das war, ganz und gar nicht diskret, Prosa wie von einer fremden Hand.

Als ihr die Pistole aus der Hand geschlagen ist, drückt sie rasend mit den bloßen Fingern gegen ihre Schläfe wie auf einen Hahn, mit geschlossenen Augen und einem Gesicht, das die Erwartung der Kugel verzerrt.

Hier also folgt auf vollzogenen Mord ein vorgestellter Selbstmord. In einer anderen Variante kehrt die Reihenfolge sich sogar um: *Nachdem ich mir die Kugel in die Schläfe gejagt, noch die Kraft haben, dir die Pistole ins Gesicht zu werfen…*

In dieser Halluzination scheint der Schwindel vollkommen, denn deutlich wird nicht mehr, wer so süchtig phantasiert, Er oder Sie, Thomas Mann oder Adelaide, Thomas Mann als Autor oder doch nur als ein hemmungslos verzweifelt Verliebter in der Ungererstraße 24, 1. Stock? Dieser große Veröffentlicher seiner selbst hatte viel zu verbergen, sicher auch Rach- und Mordlust.

So nah wie in diesen Jahren vor Verlobung und Ehe werden wir an ein existentielles Inspirationszentrum des Erzählers nie mehr herankommen. Wir wissen, neben dieser »zentralen Herzenserfahrung«, auch nur noch von einer vergleichbar heftigen Lebenserschütterung, von der Begegnung mit dem Jüngling Klaus Heuser im Jahr 1927, und die (verlorenen, verbrannten) Tagebuchaufzeichnungen darüber wird der Erzähler sieben Jahre später herauskramen und zur Verwertung »heranziehen«, als er die Passion der Mut-em-enet für den keuschen Joseph entwirft. Wieder wird, wenn auch diesmal nicht über Nacht, »Leben« verwandelt oder verraten in »Literatur«. Aber dieser Satz macht sofort stutzen: mußte da überhaupt etwas verwandelt werden? Hat Thomas Mann nicht Literatur schon gelebt? Etwa nur, weil das Leben als solches nicht auszuhalten war? Oder doch, weil die Masken, Formen, Diskretionen und Kühnheiten der Literatur längst wie unwillkürlich übergegriffen hatten auf das Leben, alle »Wonnen der Gewöhnlichkeit« zugleich auslöschend und von innen erleuchtend, mit Eros und Ironie? Das darf gefragt, das kann eindeutig kaum beantwortet werden.

Als Thomas Mann in seiner Bogenhausener Villa am ›Zauberberg‹ schreibt, zwanzig Jahre entfernt von den Friedemanngeschichten, Familienvater, ein Mann in der Mitte seines fünften Jahrzehnts, da notiert er eines Abends zwei merkwürdige Sätze. Seine Frau liegt mit einer schweren Grippe zu Bett, und er berichtet: »Nach dem Abendessen bei K(atia), die mich mit der Hand ihren Körper, Rippen und Brust streicheln ließ, was meine Sinnlichkeit sehr erregte.

Der Zbg. (Zauberberg) wird das Sinnlichste sein, was ich geschrieben haben werde, aber von kühlem Styl.«

In diesen beiden Sätzen schiebt sich alles ineinander, Leben und Schreiben, Sinnlichkeit und Kühle, Krankheit und Begierde. Und wenn man noch weiß, daß der Zauberberg-Erzähler damals gerade am Röntgenlabor-Kapitel schrieb, dann darf man sogar vermuten, daß die beiden Sätze auch die Haut der Ehefrau zusammendenken mit allem, was darunter liegt. Tatsächlich ist ›Der Zauberberg‹ ja die erste, die intensivste und extensivste Reise des Erotikers Thomas Mann ins Körperinnere. Die lässig lockende Erscheinung der Madame Chauchat, vor der Hans Castorp so ausdrucksvoll erbleicht und errötet, verweist ihn immer dringender auf sozusagen ihre Schattenseite, auf die Krankheit, die sich in diesem Körper verbirgt, die ihn versklavt und befreit, also ihn im doppeldeutigen Wortsinne »interessant« macht.

Sein medizinischer Blick auf Körper, Liebe, Krankheit, Tod sichert dem Roman die gewünschte Kühle und steigert zugleich mit paradoxer Logik seine Sinnlichkeit, die auf dem Zauberberg auch eine ganze Dingwelt, Zigarre, Fieberthermometer oder Röntgenbilder, erotisch auflädt. In diesem kunstvollen Mischklima kann sich der Erzähler, wenn er von Hans und Clawdia berichtet, sogar etwas leisten, was in der frühen erotischen Prosa kaum je zum Zuge kommen durfte: Humor. Obwohl er sich hier gefährlich heranwagt an autobiographische Geheimnisse, wenn er eine Psychoanalyse von Castorps Faszination durch die schrägäugige, wangenknochige Russin betreibt, wenn er deren Fluchtpunkt wiederentdeckt in Hansens Schulhofliebe zu Pribislav Hippe, der dort auf dem Schulhof »der Kirgise« genannt wurde.

Solche Entwicklung von homoerotischer Sehnsucht und Schmachterei zu heterosexuellem Begehren könnte man ja in aller Biederkeit erfreulich und normal nennen. Doch der ›Zauberberg‹ insistiert eben, trotz allem und mit allem Humor, auf der Unheimlichkeit auch dieses Begehrens und aller seiner Folgen. Einmal, weil die schöne und laszive Clawdia immer wieder als mädchenhaft, knabenhaft und vor allem unfruchtbar charakterisiert wird, als bestenfalls Halbfrau, und schließlich, weil die Liebe zu einem krankhaft gesteigerten und medizinisch dauernd erniedrigten, nämlich auf anatomische und physiologische Details herunterbeschriebenen Körper letztlich eine Reise zum Tod ist und eine Absage an alles »normale«

Leben. Das zwanghafte Zusammendenken von Reiz und Drohung, Liebe und Tod, Weib und Tabu ist hier nur sozusagen »gebildeter« geworden. Der Knoten, unaufgelöst, wird immer feiner gesponnen.

Auch in seinem fünften Jahrzehnt also erscheint der erotische Erzähler Thomas Mann in »Formen und Masken«. Sie sind inzwischen kühner, sind »indiskreter« geworden und zugleich dichter. Dieser Autor kann jetzt weit gehen, ohne sich je zu verraten. Sein nächstes großes Erzählunternehmen wird ihn um Jahrtausende zurückführen, in die tiefsten Erzählschichten des Alten Testaments, und dabei doch wieder zurückwerfen auf die Grunddaten der eigenen Lebensgeschichte, mit denen er aber jetzt – anders als im ›Tonio Kröger‹ oder ›Tod in Venedig‹ – sehr frei zu spielen wagt.

So groß nun die Versuchung ist, den dreihundert Seiten langen Liebeswahnsinn der Mut-em-enet und die Geschichte von Josephs ihr widerstehender Keuschheit wenigstens notdürftig gerafft nachzuerzählen, so klar bleibt, daß noch die ausführlichste Zusammenfassung gegen ein Grundgesetz dieses Erzählens verstoßen würde, denn Redseligkeit, das Umundumwenden der Motive, eine Unendlichkeit des Sprechens, Bedenkens, Kombinierens, eine Wagnersche Üppigkeit der Instrumentation und ein romantisches Nichtendenkönnen noch -wollen sind Medium und Technik dieser Prosa, ja sogar ihr Thema. Genau wie der Erzähler dieser gewaltigen und doch detaillierten Episode, so kann nämlich auch ihr Opfer, die Frau Potiphars, vom unaufhörlichen Sinnieren und Phantasieren um den Gegenstand ihres Begehrens nicht lassen. Kurz: der Geist der Erzählung ist nun selbst infiziert vom Geist der Erotik.

Wieder hat der Blick des Begehrens die Richtung gewechselt: Objekt ist nun ein Mann, Subjekt die Frau. Eine Dame der hohen ägyptischen Gesellschaft riskiert das kühle Kunstwerk ihres Lebens, indem sie sich hineingleiten läßt in eine verbotene Liebe zum schönen, fremden Sklaven, so wie Aschenbach in Venedig sein Leben, seine Haltung und Kunst riskierte in seiner Verlorenheit an den Knaben Tadzio. Die vertauschten Rollen erlauben sogar eine Radikalisierung, denn Mut-em-enet, die dafür drei Jahre Zeit hat, wird am Ende tun, wovon Aschenbach am Lido nur orgiastisch zu träumen wagt; sie entblößt ihre Leidenschaft für Joseph und will auch ihn hineinreißen in diese »Entblößung«, der aber Joseph aus sieben genauestens erörterten Gründen widerstehen muß.

Sieben Gründe hat Josephs Keuschheit, aber zu Grunde liegt allen nur einer, der letzte: Furcht vor »Entblößung« und etwas genauer und verräterischer vor »Vaterentblößung«. So nennt der gelehrte Erzähler den siebenten und zentralen Grund für Josephs Keuschheit: »Entblößung im einfachen und wirklichen körperlichen Sinn war zunächst einmal völlig bedenkenfrei und so neutral wie das Himmelslicht; erst in übertragener Bedeutung... als das tödlich blutschänderische Anschauen eines Nahverwandten, errötete der Begriff.« Und er wird rot und immer röter, bis »schließlich alles Verwehrte und Fluchbedachte auf dem Felde der Sinnenlust und Fleischesvermischung, darunter aber besonders... der Sohneseinbruch ins väterlich Vorbehaltene, ›Entblößung‹ hieß.«

Wenn wir angesichts dieser kraus logischen Logik eine krasse Reduktion versuchen und nicht mehr an Joseph und Jaakob, sondern an den Konsul Mann in Lübeck denken und seinen über das »blutschänderische Anschauen eines Nahverwandten« und die »Vaterentblößung« sinnierenden Sohn Thomas, dann scheint nichts mehr nur kraus, aber auch nichts klipp und klar logisch. Doch für diesen hanseatischen Sohn repräsentiert der Vater, sein eigener wie jeder, den »Lebensbau, künstlich wie er war«, die bürgerliche Ordnung, aus der allerdings schon Thomas Buddenbrook herausgeglitten war. Wer aber den Vater schont, der gehört selbst zu den Verschonten, wie Joseph, wie Tonio Kröger und Hans Castorp samt ihrem Autor. Und wieder fällt ins Auge, daß jene Passionskatastrophen, die früher einmal Friedemann und Aschenbach aus dem Leben »fegten«, von dem alternden Erzähler mit Vorliebe über Frauen verhängt werden, über Potiphars Weib und Ines Rodde, über die Mutter des »Erwählten« und über Rosalie von Tümmler, die »Betrogene«. Als wollte der Erzähler, in der diskretesten und verräterischsten seiner Masken sagen: Ich lasse mich nicht verführen, heimsuchen, entblößen, zerstören, denn – ich bin keine Frau. Oder, noch genauer und drastischer: ich will der Verführung widerstehen, eine Frau zu werden.

Kurz bevor Thomas Mann die erotische Tragikomödie der Mut-em-enet auf die schiefe Ebene bringt, hebt er einmal den Kopf von der Erzählarbeit, lüftet kurz die diskrete und kühne Erzählermaske und beginnt sich zu bekennen als Thomas Mann selbst, beziehungsweise wie sein eigener Germanist, denn er hat in Muts Geschichte ein Grundmotiv seines Erzählens erkannt: »Es ist die Idee der Heimsuchung, des Einbruchs trunken zerstörender und vernichtender Mächte in ein gefaßtes und mit allen seinen Hoffnungen auf Würde und ein bedingtes Glück der Fassung verschworenes Leben. Das Lied vom errungenen, scheinbar gesicherten Frieden und des den treuen Kunstbau lachend hinwegfegenden Lebens, von Meisterschaft und Überwältigung, vom Kommen des fremden Gottes war im Anfang, wie es in der Mitte war.« Und er hätte mit einiger Sicherheit für die restlichen zwei Jahrzehnte seines Lebens prophezeien können: dieses Lied der »Heimsuchung« würde er weitersingen bis zu seinem Ende, im ›Doktor Faustus‹ und im ›Erwählten‹ und noch in der ›Betrogenen‹.

Doch vergessen wir nicht: es gibt Figuren in Thomas Manns Erzähluniversum, die sehen den »fremden Gott« zwar locken und winken, aber sie folgen ihm nicht, weder Tonio Kröger, noch Hans Castorp, noch Joseph, noch Felix Krull, und auch und gerade die sind Erotiker. Aber sie alle betreiben Erotik als Heimsuchungsverhinderung, als Spiel und Schwindel in des Wortes Doppelbedeutung, schön kontrolliert, als »hellen Zauber«. Vor allem Josephs Balance am Abgrund der Verführung, mit Spielbein und Standbein, ist kunstvoll und ist Erotik: eine anmutige Position des Vielleicht-doch, aber Noch-nicht-ganz, Seit an Seit mit dem Erzähler, der sich ja auch sorgfältig und spielerisch draußen hält aus dieser wüsten Geschichte, um als »Menschenfreund« immer wieder verwundert den Kopf zu schütteln über das, was er bei Mut die »Veruneinigung von Mund und Augen« nennt, von geistiger Kontrolle und körperlichem Begehren.

Kunst aber entsteht, so wird Thomas Mann in der Mitte seines Lebens nicht müde zu dozieren, gerade *gegen* diese »Veruneinigung« von Augenlicht und Mundbegehren, ist also weder Überich-Produkt noch Es-Erguß, nicht ganz rein und auch nicht unrein, tief autobiographisch und vollkommen fiktiv, so gut männlich wie weiblich. Kunst bleibt entschlossen uneindeutig, unentschieden zwischen Verschleierung und Entblößung. Mit einem Wort: sie ist und bleibt erotisch. Sie mag zwar immer wieder das Lied von der »Heimsuchung« singen, aber sie selbst ist die vollkommene Heimsuchungs-Verhinderung.

Womit wir, auf der höchsten Höhe der Mannschen Selbstinterpretation und Harmonisierungsversuche, seine Texte und deren konkrete Sinnlichkeit wieder einmal weit unter den Füßen verloren haben.

Und offen ist immer noch die Frage nach der Herkunft des Heimsuchungstraumas, nach der Urszene hinter und vor allen diesen grellen, düsteren, fahlen und bunten Feuerwerken des Erzählens.

Was an Thomas Mann bewundert werden muß, bewundert auch mit Befremden und Entsetzen, das sind die Einheit, die Monotonie und Monomanie des Gesamtwerks und andererseits die dagegen durchgesetzte Vielfalt, die Variationskraft. Über einer erschreckend schmalen Basis an intensiver Lebenserfahrung, Lebenserschütterung erhebt sich ein wahrer gotischer Dom an strukturellem Reichtum. Die Bewunderung fragt, wie das möglich wurde, das Entsetzen möchte wissen, warum das so nötig war.

Wie seine existentielle Grunderfahrung definiert werden könnte, werden wir trotz eines reich und überreich dokumentierten Lebens nicht mehr mit jeden Zweifel ausschließender Bestimmtheit sagen können. Aber seit der Publikation der Tagebücher ahnen wir es mit einer Sicherheit, die allmählich auch die Thomas-Mann-Forschung zu erschüttern beginnt. In einer amerikanischen Monographie über die Entwicklung des Autors bis zum ›Tod in Venedig‹, erschienen 1981 und entdeckungsreich in vielen Details, steht noch der monumental ahnungslose Satz, alles deute darauf hin, »daß er sich selbst fest in der Heterosexualität verwurzelt sah«.

Genau das ist nicht nur etwas, sondern vollkommen falsch. Wenig bis nichts in seinem Werk spricht dafür. »Er selbst« aber ordnet in einem der in den Tagebüchern gar nicht so häufigen, von allen Tageslaunen gereinigten Bekenntnisse, ein Lebensresümee ziehend, die drei Phasen seiner homoerotischen Passionen und formuliert dann mit ruhiger Autorität den erstaunlichen Satz: »So ist es wohl menschlich regelrecht, und kraft dieser Normalität kann ich mein Leben stärker ins Kanonische eingeordnet empfinden, als durch Ehe und Kinder.«

Wir können und sollten uns den Luxus leisten, über diesen Satz etwas länger und genauer nachzudenken als der Autor, dem er offenbar leicht und feierlich selbstverständlich aufs Papier floß. (Nach einem Gedankenstrich rutscht er auch gleich wieder ab in seine Alltagsmisere: »Zahnschmerzen. Muß wieder Jod und Veramon brauchen.«)

Von intensiver und exzessiver Alltagserfahrung handelt dieses Tagebuch tausende Seiten lang, und Zahnschmerzen, Richard Wagner oder die Bombardierung Dresdens werden da mit einer ungeheuerlich gleichmacherischen Aufmerksamkeit bedacht. Ganz anders als die Mannschen Werke zeigen diese täglichen Aufzeichnungen also keinerlei Tiefengliederung, Polyphonie, sind keine Partituren. Sie veranstalten auch keine Verbergungsspiele, sind bar aller Erotik und Ironie. Alles findet faktisch und monoton statt auf einer einzigen gleichmäßig erleuchteten Oberfläche.

Fast alles: denn zu den Ausnahmen, zu den unverhofften Stürzen in unverhoffte Tiefen zählen die vielzitierten Blicke auf Knaben oder junge Männer, im Kino, am Strand, in der Hotelhalle, in lächelnde Gesichter oder auf freie Oberkörper. Von »Ergriffenheit« ist dabei immer wieder die Rede. In diesen erschrockenen, süchtigen Blicken meinen wir sie wiederzuerkennen, die Urszene der Heimsuchung: die Lust auf, die Angst vor Entblößung. Wir befinden uns vor der Hinter-, der Geheimkammer dieses Lebens und wahrscheinlich in der äußersten Nähe von dessen Imaginationszentrum. Dort mußten immer neue »Formen und Masken« entworfen werden, mit denen man »unter die Leute« gehen, also sich veröffentlichen und zugleich verbergen konnte. Auch die Tagebücher treiben freilich das bekannte Spiel: sie lassen uns nahe heran an das offenbare Geheimnis, aber sie lüften es nicht. Ein Journal aus der Epoche Paul Ehrenberg fehlt, das Tagebuch aus der Klaus-Heuser-Zeit Ende der zwanziger Jahre wurde im Garten in Pacific Palisades verbrannt.

Soviel Heimlichtuerei, immer noch Entblößungsangst, und doch spricht die zitierte Notiz vom 6. Mai 1934 scheinbar abgeklärt vom »kanonischen« Rang der Entwicklung seiner homoerotischen Beziehungen, für seine Existenz bestimmender als die Institutionen Ehe und Vaterschaft. Das kann nur heißen: für seine schriftstellerische Existenz, die ihm mit Recht und Unrecht wesentlicher schien als Frau, Familie, Kinder. Durch Schreiben hatte er sich für dieses bürgerliche Leben gerettet, durch Schreiben ist er ihm auch wieder abhanden gekommen. Kein Wunder, daß sich bis zuletzt, immer dünner, heller, deutlicher, in seinem Erzählen eine Melodie hält, die vielen so bourgeois und entsetzlich, anderen zeitlos und tröstlich vorkommt: eine Art Behagen mitten im Unglück.

Heller Zauber? Ich wage zu zweifeln. Obwohl sich in den letzten Jahrzehnten, also in der Zeit nach München, die Farben zu lichten beginnen. Aber alles in allem zieht dieser Zauberer doch das Grelle, Düstere, Gedämpfte vor und vor allem das Gemischte, das Zwielicht, genau die richtige Beleuchtung für Erotik und, wie der Zauberer wohl gleich hinzufügen würde, das richtige Licht auch für seine andere Methode verhüllender Enthüllung, für Ironie. Eros und Ironie – auf diese Formel hatte er schon seine Tonio-Kröger-Position gebracht. Gefährlich nah war er in dieser Novelle an seine erotischen Urszenen herangegangen, und doch wirkt gerade diese elegische Prosa ungefährlicher als alle Erzählungen ihrer Umgebung. Keinerlei Heimsuchung droht. Eros und Ironie, beide halten sich gegenseitig zart in Schach und zugleich beschwören sie Sokrates, Kierkegaard, Nietzsche, Abendland, also eine Bildungsmusik, auf deren Flügeln man den Lübecker Schulhofschmerzen wunderbar weit entkommen konnte.

Zweimal nur, im ›Tonio Kröger‹ und dann im ›Tod in Venedig‹, hat der erotische Erzähler mindestens eine seiner Diskretions-Masken aufgegeben: er projiziert die Lockung und die Schrecken, von denen er erzählen will, nicht auf heterosexuelle Verhältnisse. Aber beide Male, kaum zufällig, verschlägt es der Erzählung dabei fast den Atem. Sie löst sich geistvoll auf in Konversation, Essay, Allegorien, Traktat, platonischen Dialog. Über Künstler und Bürger, die Wonnen und Schrecken der Gewöhnlichkeit, über Schönheit und Gesundheit, das Dionysische und das Appollinische, über Eros und Ironie wird nachgedacht und gesonnen, während die Erzählung selbst, ihre epische Sinnlichkeit, die bedeutend an Höhe und Tiefe gewinnt, zunehmend verblaßt oder wegallegorisiert wird. Je näher dieser Autor also an den autobiographischen Kern des Heimsuchungstraumas herantritt, desto kräftiger heben ihn die Sublimierungsschübe in die Höhe.

Das Offensichtliche, so habe ich am Anfang behauptet, wird an diesem Thomas-Mann-Werk am ehesten übersehen: daß es nämlich eine lückenlose Kette von verzweifelten Liebesgeschichten ist. Inzwischen dürfte klargeworden sein, wie sehr er selbst dafür gesorgt hat, alle Offensichtlichkeiten, wenn nicht zu verstecken, so doch wegzublenden. In einer ebenso zarten wie unbändigen Fiktionalisierung von erschreckend wenig, aber schrecklich intensivem Erfahrungsrohstoff besteht ja geradezu seine Lebensleistung. Am Ende, nach einem sechzigjährigen Schreibleben, ist das allzu Offensichtliche wie allzu Monotone durch die Kunst der Vervielfältigung und Symbolisierung fast vollkommen weginszeniert, wegreflektiert worden: im ›Krull‹ wird die ganze Welt erotisch, aber eben auch – Phantasmagorie.

Diese Kraft des Distanzierens und Überblendens erfaßt schließlich auch einfache, doch heikle Alltagsszenen. Als er wieder einmal, sechzig Jahre alt, einen jungen Gärtnerburschen mit freiem Oberkörper beobachtete, »mit großer Freude und Ergriffenheit«, wird die Erregung im abendlichen Tagebuch calmiert durch eine weitausholende Überlegung:

»Die Begeisterung, die ich beim Anblick dieser so billigen, so alltäglichen und natürlichen ›Schönheit‹, der Brust, der Bicepsschwellung empfand, machte mir nachher wieder Gedanken über das Irreale, Illusionäre und Ästhetische solcher Neigung, deren Ziel, wie es scheint, im Anschauen und ›Bewundern‹ beruht und, obgleich erotisch, von irgendwelchen Realisierungen weder mit der Vernunft noch auch nur mit den Sinnen etwas wissen will.«

Aber vielleicht von »Realisierungen« durch Schreiben?

So also sinniert der alternde Tonio Kröger, elegisch und verschont, der Aschenbach längst in den Tod geschickt hat, so distanziert sich Thomas Mann von sich selbst, der doch gerade dabei ist, Mut-emenet einer Heimsuchung auszuliefern und Joseph die Keuschheit zu erhalten. Brecht würde nun sicher sagen: dieser Kollege Mann hat sich wie »die deutschlehrer mit ihren langen bärten« selbst vor das »ruhelager der sinnlichkeit« in seinem Erzählreich gestellt. Das ist nicht so ganz falsch. Aber der »lange bart«, mit dem Thomas Mann tatsächlich seine Blößen verdeckt, ist nicht immer nur der eines allzu gebildeten »deutschlehrers«, sondern eben auch der Bart des Zauberers, und die Deutschlehrer werden noch lange zu tun haben, die Haare dieses Geflechts zu entwirren, zu zählen, zu katalogisieren.

Ich bin – fast – am Ende und, so kommt es mir auch vor, doch wieder am Anfang, nicht nur wegen der Rückkehr zum Brecht-Zitat. Wenn meine Vermutung zutrifft, daß die stillschweigende Losung: »Wovon man nicht reden kann, darüber muß man schreiben« dieses unendliche Erzählwerk in Gang gesetzt und in Gang gehalten hat, dann wäre dieser großangelegte Übersetzungsversuch noch einmal Schritt für Schritt zu überprüfen, von den starren, gefährlich aufgeladenen Konfliktsituationen der frühen Prosa bis zu der vollkommenen, wie er gern sagte, »Durchheiterung« in den späten ›Krull‹-Kapiteln, in denen eine Botschaft der erotischen Allverbindlichkeit und also auch Unverbindlichkeit verkündet wird. Die Botschaft hör ich wohl, allein –, wieviel erzählerische Spannung dabei zusammenbricht, zeigt leider die Lektüre.

Denn die Geschichte dieses Schriftstellers läßt sich wohl doch am überzeugendsten verstehen als die einer gewaltig produktiven Hemmung, wie wahrscheinlich auch die Goethes, wie sicherlich die Gottfried Kellers, dieser anderen großen erotischen Erzähler unserer Literatur, die nur auf den ersten Blick so viel »gesünder« wirken.

Eine andere scheinbar »gesündere« Spielart erotischer Schriftstellerei hat Thomas früh in Bruder Heinrich verkörpert gesehen, mit Unverständnis, Verachtung, ja, wie er in einem brieflichen Wutausbruch schon im Jahr 1904 schreibt: mit »Haß« auf die »langweilige Schamlosigkeit seiner Erotik«, die »geistlose und unseelische Betastungssucht seiner Sinnlichkeit«, die »ästhetisierende Grabeskälte, die mir aus seinen Büchern entgegenweht«. Wo »Betastungssucht« und kalte Exekution des Begehrens die Regie übernehmen, wo die Distanzen und mit ihnen die Spannungen zusammenbrechen, da begann für ihn ein fremdes Reich, eine andere Literatur, in der die Erotik, die Sphäre des Fast-schon und Noch-nicht, vernichtet wird durch Sexualität. Sexualität ließ sich, zur Not, zwar leben, aber davon ließ sich für ihn nicht erzählen.

Ein halbes Jahrhundert nach der Paul Ehrenberg-Zeit, fast ein Vierteljahrhundert nach Klaus Heuser – und er notiert im Tagebuch pedantisch genau diese Abstände –, im Jahr 1950 also erfaßt den Fünfundsiebzigjährigen noch einmal Aschenbachs Passion, diesmal in einem Züricher Hotel, in einem tagtäglichen entzückten Leiden um einen jungen bayerischen Kellner: »Weltruhm ist mir wichtig genug, aber wie gar kein Gewicht hat er gegen ein Lächeln von ihm, den Blick seiner Augen...«

Noch im selben Jahr wird er auch diese Erschütterungsepisode bedenken und begraben, gestehen und verbergen in einem Essay über ›Die Erotik Michelangelos‹. Er sinnt über die »Zusammengehörigkeit von Verfallenheit an das Schöne, Verliebtheit und Produktivität«, und am Ende schreibt er, wie über sich selbst:

»Er hat die Liebe stets als Übel, als Heimsuchung und süßes Gift verwünscht und dabei ihr angehangen wie keiner. Sie war der Untergrund seines Schöpfertums, sein inspirierender Genius, der Motor...«

Womit er hier, in eigener Sache, das letzte Wort hatte.

JOACHIM KAISER

›Doktor Faustus‹, die Musik und das deutsche Schicksal

Kein deutscher Roman ist nach dem Zweiten Weltkrieg im akademischen und im publizistischen Bezirk auch nur annähernd so intensiv diskutiert, kritisiert und analysiert worden wie Thomas Manns ›Doktor Faustus‹. Der Freiburger Philologe Johannes Werner hat für die Zeit von 1953 bis 1968 »450 Abhandlungen gleich 30 000 Seiten« allein über den ›Doktor Faustus‹ gezählt. Zwischen 1947 und 1983 müssen es, so entnehme ich erschüttert Rudolf Wolffs Dokumentation ›Thomas Manns Doktor Faustus und die Wirkung‹, wohl mehr als tausend Beiträge gewesen sein, mit – man kann das nur schätzen, aber wirklich nicht lesen – etwa 70 000 Seiten Sekundärem.

Doch mittlerweile liegen aus Thomas Manns Hand ja nicht nur der Roman selber sowie der »Roman eines Romans«, also ›Die Entstehung des Doktors Faustus‹ vor –, sondern auch die Briefe, die der unermüdliche Korrespondenzpartner Thomas Mann geschrieben hat, als der ›Doktor Faustus‹ in ihm, und dann auf dem Papier, wuchs. Und erst seit den achtziger Jahren ist eine weitere wichtige Quelle allgemein zugänglich, nämlich die Tagebücher, die Thomas Mann führte, als er den ›Faustus‹ konzipierte. Mithin müßte eigentlich und beängstigenderweise ein beträchtlicher Teil der 70 000 Sekundärseiten entweder radikal neu geschrieben oder doch modifiziert, verbessert werden. Welch ein Spielraum für germanistische Emsigkeit...

Freilich, die Probleme, die der ›Faustus‹-Roman aufwirft, lassen sich nicht mit spitzfindigem jungakademischen Bienenfleiß lösen, auch nicht mit einem wohlfeilen Gegeneinander-Ausspielen von Begriffen erledigen. Ohne den Mut zur leidenschaftlichen Anspannung ästhetischer Urteilskraft, ohne beträchtliche Lebens- und Lese-Erfahrung wird man diesem gewichtigen, erfüllten und reichen Buch schwerlich gerecht. Vier Fragen drängen sich nach wie vor auf:

1. Kann Adrian Leverkühns Schicksal, kann das Leben und der Zusammenbruch eines unselig-genialen, paralyse-kranken Komponisten in irgendeiner zwingenden oder plausiblen Weise den Zusammenbruch Hitler-Deutschlands symbolisieren?

2. Was steckt dahinter, daß zwar nahezu alle Thomas-Mann-Bewunderer kritisch-betroffen oder enthusiastisch betroffen auf den Roman reagierten, daß aber die allermeisten nicht-professionellen, nicht-musikologischen Leser bekennen, sie hätten den komplizierten musiktheoretischen Erörterungen nicht zu folgen vermocht? Selbst Carl Friedrich von Weizsäcker, wahrlich ein spekulativer Kopf, bemerkte in seinem ›Faustus‹-Aufsatz von 1978 lapidar: »Die musikalische Bedeutung des Buches entzieht sich meinem Urteil.« Wie kommt das? Nichtmedizinische ›Zauberberg‹-Leser fühlten sich von den intensiven Tuberkulose-Beschreibungen und Exkursen des Sanatoriums-Romans doch offenbar keineswegs so überfordert!

3. War Theodor W. Adorno, an den sich Thomas Mann gewandt hatte, weil er Hilfe im Exakt-Musikalischen und beim konkreten Entwurf der Leverkühnschen Kompositionen benötigte, war dieser Theodor W. Adorno wirklich nur ein sachlicher Berater und Mitarbeiter, oder hat Adornos Kulturkritik nicht auch die Tendenz des Romans beeinflußt?

4. Vom 23. Kapitel bis zum Schluß bezieht sich der Roman unverkennbar auch auf viele in München lebende Verwandte und Bekannte des Dichters. Wie verträgt sich nun Thomas Manns München-Sehnsucht mit seiner München-Schelte?

Um alledem auf den Grund zu kommen, wollen wir nicht gleich mit dem Mai-Sonntag des Jahres 1943 einsetzen, an dem Thomas Mann, 68jährig, in Kalifornien die Niederschrift des ›Doktor Faustus‹ begann. Treten wir ein wenig, nämlich zehn Jahre, zurück. Am 27. April 1933, zu Beginn der Hitler-Ära, schrieb Klaus Mann aus Frankreich, wo er seit einigen Wochen als Emigrant in Hotels lebte, einen verzweifelt munteren Brief nach Amerika, an die Zeichnerin und Karikaturistin Eva Herrmann, mit der er befreundet war. Natürlich berichtet der 26jährige Jung-Emigrant zuerst erregt von sich, von der »Verbannung«, in der er sich befand:

»Es ist eine merkwürdige Lage. An Deutschland denkt man als an ein ekelhaftes Irrenhaus, aber man hat keine Ahnung, wie sich uns das Leben außerhalb Deutschlands gestalten wird. So hängt man schon auf eine phantastische Weise in der Luft. Am meisten werde ich mich natürlich auf Paris konzentrieren, wo ich auch bis jetzt war und wo ich ohne Frage einige Chancen habe. Aber gerade dort ist die Konkurrenz der ›Emigranten‹ untereinander so erschreckend groß; (und ich fürchte, in Prag, Zürich usw. ist es noch ärger).«

Das klingt besorgt, gespannt, keineswegs wehleidig, mehr verwirrt als verstört, und soll die liebe Eva Herrmann dazu animieren, doch in Amerika, wohin Klaus am liebsten möchte, etwas für ihn zu tun, für ihn »eine bescheidene Chance« ausfindig zu machen.

Im nächsten Brief-Absatz kommt der Schreiber ziemlich salopp auch auf das Schicksal der »armen Eltern« zu sprechen, die sich in Südfrankreich etwas mieten wollen. Und dann macht er, in Klammern nur, um nicht allzuviel Aufmerksamkeit wegzunehmen, eine lässige, gespenstisch treffsichere Bemerkung über den weltberühmten Papa. Nachdem Klaus Mann Deutschland eben noch als »ekelhaftes Irrenhaus« charakterisiert hat, schreibt er der Freundin über den Vater, den die Mann-Kinder »Zauberer« nannten:

»(für den Zauberer ist es ja besonders scheußlich – er kann nicht umhin, sich irgendwie für Deutschland verantwortlich zu fühlen, und eigentlich kann er ja auch ohne Deutschland nicht leben).«

Klar: dem zornigen jungen Klaus Mann lag es verdammt fern, mit dem völkisch delirierenden Deutschland irgendeine Solidarität zu empfinden. Aber Klaus spürte, daß der berühmte Vater, der als 58jähriger aus seiner Heimat ausgestoßen worden war, sich für alles, was die Landsleute und zumal die Münchner verübten, »irgendwie« verantwortlich fühlte, und daß der Vater »eigentlich« ohne Deutschland nicht leben könne – wobei die sonst immer so unangenehm vagen Flickwörter »irgendwie« und »eigentlich« hier seltsamerweise die Aussage bestärken, sie nämlich hinausheben übers präzis Faktische, Vernünftige, Juristische – in eine mystische Sphäre geistig-künstlerischer Gemeinsamkeit.

Klaus Manns Bemerkung über die scheußliche, unaufhebbare Solidaritätssituation des Vaters sollte sich ein Jahrzehnt später als prophetisch erweisen, als Thomas Mann sich schweren Herzens dem deutschen Tonsetzer Adrian Leverkühn verschrieb. Zunächst, nach 1933, hatte der Vater, in die Schweiz emigriert, ja noch mit seiner ›Josephs‹-Tetralogie zu tun. Da fällt eine höchst seltsame Analogie auf zwischen dem Lebensweg Thomas Manns und der Biographie seines Kunst-Idols Richard Wagner. Wagner hat die vier Musikdramen der ›Ring‹-Tetralogie noch in Deutschland begonnen, sie in der Schweiz weitergeführt, schließlich unter königlich-märchenhaften Umständen in Bayreuth beendet. Genauso hatte auch Thomas Mann seine ›Josephs‹-Tetralogie in Deutschland begonnen, in der Schweiz fortgesetzt. Die Analogie reicht bis ins Einzelne: Wagners

›Rheingold‹-Vorspiel beginnt mit dem berühmten raunenden, tiefen Kontra-Es, Thomas Manns »Höllenfahrt«-Vorspiel zu den ›Geschichten Jaakobs‹ mit dem Wort »Tief«. »Tief ist der Brunnen der Vergangenheit.« Thomas Mann schrieb also in der Schweiz an seiner Tetralogie weiter, schob freilich als verklärendes Deutschland-Intermezzo eine märchenhaft heitere Goethe-Vergegenwärtigung dazwischen: ›Lotte in Weimar‹. Wagner wiederum, bevor er den ›Ring‹ zu Ende schmiedete, trug sich während hektischer Emigrations- und Reisezeit mit dem ›Tristan‹ und den ›Meistersingern von Nürnberg‹, einem Traum von Deutschlands Jugend, ja er notierte die Idee zum Allerdeutschesten, zum »Wacht auf«-Chor, tatsächlich in einer Pariser Kneipe. Nach den Nürnberger ›Meistersingern‹ kehrte Wagner wieder zum ›Ring‹ zurück, so wie Thomas Mann nach der Weimarer ›Lotte‹ wieder in die Patriarchenluft des ›Joseph‹ eintauchte. 1943, unter kalifornischen Umständen, beendete er die ›Josephs‹-Tetralogie. Und bereits wenige Wochen später begann er den ›Faustus‹. Er schrieb damals dem Sohn Klaus über den ›Faustus‹: »Es wird mein Parsifal.« Das alles gemahnt ziemlich gespenstisch an eine Thomas Mannsche »Imitatio dei«, an eine Nachahmung seines Kunst-Gottes Richard Wagner, den er tief-romantisch in sich hatte und über den er hochdemokratisch hinaus wollte. So ging es mit dem ›Faustus‹ auch. Über den geplanten Roman teilte er dem Sohne weiter mit: »eine Künstler- (Musiker-) und moderne Teufelsverschreibungsgeschichte... kurzum das Thema der schlimmen Inspiration und Genialisierung, die mit dem Vom Teufel geholt Werden, d. h. mit der Paralyse endet. Es ist aber die Idee des Rausches überhaupt und der Anti-Vernunft damit verquickt, dadurch auch das Politische, Faschistische, und damit das traurige Schicksal Deutschlands. Das Ganze sehr altdeutsch-lutherisch getönt.«
Nun hatte sich Thomas Mann während der Emigrationsjahre natürlich immer mit deutschen politischen Problemen essayistisch und propagandistisch herumschlagen müssen. Es gab den grimmig selbstkritischen Essay ›Bruder Hitler‹ von 1939, es gab 1945 die berühmt gewordene Ansprache ›Deutschland und die Deutschen‹, in welcher Thomas Mann die Problematik seines ›Faustus‹-Romans auf sinnfällige Thesen zu bringen versuchte, die dann im Nachkriegs-Deutschland fast so heftig diskutiert wurden wie Inhalt und Gehalt des Leverkühn-Buches selber. Zumal unsere betroffenen evangelischen Theologen konnten sich nach 1945 beim besten Zer-

knirschungswillen überhaupt nicht abfinden mit dem Bilde des ebenso musikalischen wie brutalen, eines ebenso innigen wie an weltlicher Freiheit uninteressierten Martin Luther, das Thomas Mann in seinem Deutschland-Vortrag entworfen hatte...

Alle diese Essays, Rundfunkreden und prodemokratischen Bekenntnisse, diese Hilfeleistungen und Hilferufe, die Thomas Mann als prominentester deutscher Emigrant gleichsam hinter dem Rükken seiner dichterischen Arbeit hervorbrachte: sie kamen wahrlich müheloser und glatter zustande als der ›Doktor Faustus‹. In ihnen unterdrückte Thomas Mann vieles, was dann doch im Roman rumorte. Ja 1952, als der Dichter bitter enttäuscht war vom Hexenjagd-Amerika des Senators McCarthy und sanft enttäuscht wohl auch von der »größtenteils miserablen Presse«, die der ›Faustus‹ in Amerika hatte, 1952 machte sich Thomas Mann sogar selbstironisch lustig über sein demokratisches Wanderrednertum in der Zeit von seines »demokratischen Optimismus Maienblüte«. Maienblüte? Wem aber fiele bei diesem schönen Wort »Maienblüte« nicht jener Schlegel/Tiecksche ›Hamlet‹ ein, wo ein Sohn Klage führt, daß der Vater »in seiner Sünden Maienblüte« ermordet ward? Seltsame Thomas Mannsche Assoziations-Untertöne: »demokratischer Optimismus« und »Sünde« unversehens nebeneinander.

Aber Essays, Reden, Rundfunkvorträge, Briefe und dergleichen sind keine Romane. Keine Erzeugnisse der Einbildungskraft und Kunst. Essays stellen Behauptungen auf, widerlegen falsche oder gefährliche Thesen, sind spekulative Nachprüfungen wie die ›Betrachtungen eines Unpolitischen‹, kommen der »Forderung des Tages« nach, was keineswegs etwas Verächtliches sein muß. Beim Roman, bei dieser erzählten Spannungswelt aus Inhalt, Form, Spiel, Dokument, zeitgeschichtlichem Ambiente und Gehalt geht es nicht so eindeutig und eingleisig zu, zumal bei einem ›Doktor Faustus‹ nicht, der Deutschland aus kalifornischem Exil sehnsüchtig beschwört, der sich auch als Thomas Mannsche Autobiographie lesen läßt, der ein kunstvoller Künstler-Roman ist, wo die Entstehung und Verlockung archaisierender Begierden in Münchner Intellektuellen-Zirkeln vorgeführt wird.

Was immer man über den ›Faustus‹ auch sagen oder klagen mag: das Buch erregte, kraft der ungeheuerlichen Fülle dessen, was es an Wahrheits- und Bekenntnis-Energien enthielt, Betroffenheit. Thomas Mann selbst war so betroffen, daß er während der Arbeit immerfort ächzte und beinahe starb. Als das Buch in seiner deutschen Original-Gestalt dann endlich in der Schweiz herauskam, zeigten sich die Schweizer Kritiker enthusiastisch-betroffen. Thomas Mann war, nach ärgerlichen amerikanischen Rezensionen, dankbar dafür und schrieb: »So, wie in dem kleinen Alpenlande wird das Buch wohl nirgends gelesen werden, auch in Deutschland nicht, wo es jetzt gedruckt wird. Ich fürchte«, – so Thomas Mann am 31. 12. 1947 –, »der geistige Blutdruck ist einfach zu niedrig dort.«

Da irrte Thomas Mann. Er meinte, der Zusammenbruch Hitler-Deutschlands habe lauter apathische, zerstörte, triste Figuren hinterlassen – während doch in der unmittelbaren Nachkriegszeit zwischen 1945 und 1952 der geistige Blutdruck, die geistige Leidenschaft in Deutschland enorm, ja fast krankhaft hoch war: unendlich höher als während der Nazizeit oder auch gegenwärtig. Adorno hat das 1949 in seinem schönen, dankbar überraschten Essay ›Auferstehung der Kultur in Deutschland‹ verblüfft geschildert. Übrigens gab Thomas Mann ein paar Monate später zu, daß er den deutschen Blutdruck unterschätzt hatte: »Das Echo des Romans aus Deutschland ist stärker, als ich erwartet hatte ... Ich bin recht froh, darauf gedrungen zu haben, daß eine innerdeutsche Ausgabe so bald wie möglich erscheint.«

Die Heftigkeit des Echos auf einen eigentlich doch schwierigen, mühsamen, zunächst überhaupt nur in eingeschmuggelten Exemplaren vorhandenen Roman im damaligen Deutschland läßt sich den heute Jüngeren kaum vermitteln. Ich studierte damals in Göttingen, verkehrte viel im Kreis um den Schriftsteller und Faulkner-Übersetzer Hermann Stresau, der übrigens später bei S. Fischer auch ein Buch über ›Thomas Mann und sein Werk‹ publizierte. Wir waren – als 1945 das finstere Reich des Fanatismus zerschlagen schien und eine schöne, neue Welt des Geistes wieder im Werden – wir waren begierig, ja heißhungrig auf diesen Thomas-Mann-Roman über Deutschland, die Musik und das Schicksal. Ich erinnere mich noch, wie glühend ich meinen Freund und Studienkollegen Carl Dahlhaus, der übrigens kürzlich noch einen profunden Essay über Thomas Mann, Adorno, Schönberg und die »Fictive Zwölftonmusik« veröffentlicht hat – wie glühend ich ihn beneidete, nicht nur, weil er 1947 in die an Lebensmitteln und Süßigkeiten reiche Schweiz reisen durfte, sondern vor allem, weil er dort während seines Herbst-Aufenthaltes den ›Doktor Faustus‹ lesen konnte, den es in bundesdeutschen Buchhandlungen noch nicht gab. Und er las in Zürich den ganzen Roman, mußte sich allerdings von Bertolt Brecht, dem er dort begegnete, dazu sagen lassen, der ›Faustus‹ enthalte »seniles Altersgeschwätz«. Als Dahlhaus zurückkam, fragte ich ihn begierig nach dem ›Faustus‹ aus und stellte den Freund empört zur Rede, weil er in der Schweiz nicht auch die ›Josephs‹-Tetralogie – die es bei uns gleichfalls nicht gab – gelesen hatte. Wirklich schuldbewußt gestand Dahlhaus, in dieser einen Schweizer Woche sei er leider nicht imstande und eben doch irgendwie zu schwach gewesen, neben dem ›Doktor Faustus‹ auch noch die vier Bände der ›Josephs‹-Tetralogie durchzuarbeiten...

Übrigens waren wir 19- oder 20jährigen Göttinger Studenten ehrlich empört über die hierzulande allmählich erscheinenden Rezensionen. Den Unterschied zwischen akademisch-öffentlicher und publizistisch veröffentlichter Meinung empfanden wir damals als ärgerlich groß. Wie lang ist das alles her – und doch immer noch so gegenwärtig! Die in München erscheinende »Zeitschrift für Europäisches Denken« – also der ›Merkur‹ – veröffentlichte von Walter Böhlich eine vernichtend scharfe, von Hans Egon Holthusen eine anspruchsvolle, herb theologische Kritik am ›Doktor Faustus‹. »Welt ohne Transzendenz« hieß Holthusens heftiger Angriff, den Hans Paeschke, der Herausgeber, dann gegen erbitterte Proteste vieler Thomas-Mann-Bewunderer verteidigen mußte.

Thomas Mann, der unter Holthusens Aufsatz litt, konnte nicht wissen, daß viele junge deutsche Intellektuelle ganz anders über ihn dachten als jene Arrivierten, die in der Öffentlichkeit das Wort führen durften. Er konnte nicht wissen, daß er andererseits vielen geschockten deutschen Intellektuellen damals als Symbol genau jener spätbürgerlich-dekadenten und selbstverliebten Vernünftelei erschien, die Ende der zwanziger Jahre das Nazi-Unheil nicht aufzuhalten vermochte. Er konnte nicht wissen, daß die deutsche Intelligenz sich nach der Katastrophe eifrig mit Seins-Fragen und Grenzsituationen beschäftigte, daß existentiell-theologisches Engagement – eine Mischung aus Eliot, Sartre, Camus, Anouilh, Langgässer, Bergengruen, Kasack, Kafka – damals herrschend war. Und er konnte schon gar nicht wissen, das Hans Egon Holthusen seine Meinung über den ›Doktor Faustus‹ sehr bald radikal ändern und 1963 in einem Poetik-Kolleg hier in München zwar die deutsche Nachkriegsliteratur tadeln, dafür aber einen gerührten Hymnus auf

Thomas Manns ›Doktor Faustus‹ vorbringen würde! Ich traute meinen Ohren nicht und war Holthusen für die Aufrichtigkeit seiner Kehrtwendung dankbar... Auch die katholisch engagierten, für einen radikal-demokratischen Wiederaufbau plädierenden ›Frankfurter Hefte‹ ließen einen schwungvollen Feind Thomas Manns sein Verdammungsurteil sprechen: Ulrich Sonnemann, selber Emigrant, aus berühmter Zeitungsfamilie gebürtig, schrieb klirrend scharf über ›Thomas Mann oder Maß und Anspruch‹. Während also der bürgerliche ›Merkur‹ Thomas Mann mit *quasi-theologischen* Argumenten attackierte, »Welt ohne Transzendenz«, räsonnierten die katholischen ›Frankfurter Hefte‹ *gesellschaftskritisch fortschrittlich*. Sie hatten ihre Schwierigkeiten mit diesem Klassiker des Spätbürgertums, diesem hochgebildeten Artisten, der doch keinerlei Zukunftswege wies. Natürlich erschein auch manches Begeisterte von Sieburg, Bruno E. Werner, Peter de Mendelssohn und vielen anderen. Bald ging es schon gar nicht mehr um schlechte oder gute Zensuren für ein Buch, sondern aus dem Echo wurde eben ein Betroffenheits-Chor. Da der Roman selber nicht widerspruchsfrei »logisch« argumentiert, gerieten unvermeidlich auch die Betrachter im Laufe der Zeit und der Kontroversen in mannigfache Widersprüche. Wir haben das ja soeben noch bei der Eröffnungsrede des verehrten Hans Mayer zur Ausstellung ›Heller Zauber‹ staunend miterlebt. Mayer kam in der Stuckvilla (ebenso wie in seinem Vorwort zu Kolbes schönem Buch) auf den »gereizten, scheinbaren Anitsemitismus« Thomas Manns zu sprechen. Und er fuhr dann fort, dieser Antisemitismus sei »immerhin manifest im ›Wälsungenblut‹, wie später noch in der Teufelsfigur des jüdischen Impresarios Fitelberg« aus dem ›Doktor Faustus‹. Daran mag ja etwas sein. Nur als der gleiche hochverehrte Hans Mayer in Ost-Deutschland lehrte und dort das Werk des großen Realisten und sozialen Humanisten Thomas Mann gebührend zu beleuchten suchte, las man es bei ihm ein wenig anders über Fitelberg: »Von jenen Polemikern soll man nicht sprechen, die behaupten, hier habe der große deutsche Autor im fernen Kalifornien ein ›antideutsches‹ Buch geschrieben«, befand Mayer. Und fuhr fort: »Das ist ebenso absurd wie der Vorwurf, die Gestalt des Konzertagenten Fitelberg, die Deutschtum und Judentum miteinander konfrontiert, besitze judenfeindliches Gepräge.« Wird also, meine Damen und Herren, im jüdischen Impresario ein scheinbarer und gereizter Antisemitismus, den man unerfreut beurteilen muß, manifest, so Hans Mayer heute; oder ist ein solcher Vorwurf absurd? – So Hans Mayer damals... Wir haben die Wahl.

Wer sie nicht hatte, war Thomas Mann. »Ich habe es nicht gewollt und habe es doch wohl wollen müssen«, verteidigte er sich, als man ihn auf die Konsequenzen aufmerksam machte, die sich aus der Parallelisierung von Adrian Leverkühns Schicksal und deutschem Schicksal ergäben. Herbert Marcuse faßte das schon 1948 im New Yorker ›Aufbau‹ schneidend witzig zusammen: »so schillert Adrian ein wenig faschistisch und das Dritte Reich ein wenig genialisch. Das Buch entgeht nicht ganz der Gefahr, das Dritte Reich noch nachträglich mit einem Leverkühn zu beschenken.«

Als Thomas Mann den ›Doktor Faustus‹ 1943 in Kalifornien begann, spürte er beklommen, worauf er sich einließ. Früher waren ihm seine großen Romane erst bei der Arbeit groß oder gar riesengroß geworden. Weder die ›Buddenbrooks‹ noch der ›Zauberberg‹ oder die ›Josephs‹-Romane hatte er so umfänglich und bedeutungstief geplant, wie sie dann gleichsam aus eigenem Antrieb wurden. »Habent sua fata libelli«– Kunstwerke entwickeln sich nach ihrem eigenen Willen, nehmen ihren eigensinnigen, aus den Forderungen der Sache sich ergebenden Verlauf. So ging es sonst immer. Aber beim ›Faustus‹ nicht. Wir ermessen von heute – nachdem wir wissen, wie die Weltgeschichte verlaufen ist – ohnehin kaum, wieviel Thomas Mann riskierte, als er am 23. Mai 1943 einen deutschen Musikerschicksals-Roman begann. Serenus Zeitblom, der Chronist und Biograph, macht sich nämlich seinerseits auch genau an diesem Tage an die Arbeit.

Was für ein Wagnis! Thomas Mann verbündet sich mit dem Verlauf der Zeit und eines Krieges, lange bevor feststand, was diese Zeit zeitigen, wie dieser Krieg enden werde. Gewiß, die Alliierten hegten damals die ziemlich sichere Überzeugung, daß Nazi-Deutschland militärisch verloren sei – aber sie wußten es wahrlich nicht genau und hatten viel zu befürchten. Thomas Mann riskierte es also, einen Erzähler im fernen, imaginierten Freising in eine ungewisse Zukunft losschreiben zu lassen. Dabei fürchtete er durchaus immer, daß die Deutschen »noch Schreckliches anrichten« werden; ahnte allerdings im August 1944, »bis zum Ende des Krieges in Europa werde ich doch nicht mehr fertig«.

Gewiß haben große Autoren häufig die »offene Form«, das Chronikalische gewählt, um mit ihrer Schriftstellerei den unmittelbaren Tagesereignissen auf der Spur bleiben zu können. Aber daß ein Roman, der dazu keineswegs auf ein offenes Ende, sondern auf den Tod eines Komponisten und das Überleben oder Fertig-Werden seines Chronisten hin angelegt ist, sich der unbekannten Zukunft aussetzt – dafür gibt es so leicht keine Parallele.

Gewiß, als Uwe Johnson 1967 an den ›Jahrestagen‹, jenem großen, vierbändigen Epos zu arbeiten begann, das im August 1967 beginnt und am 20. August 1968 endet – da konnte auch der ›Jahrestage‹-Autor nicht wissen, daß der 20. August 1968, an dem Gesine eigentlich in Prag, im Lande des Sozialismus mit menschlichem Gesicht ihre neue Arbeit aufnehmen sollte –, daß dieser 20. August sich als ein tragisches, den Roman zwingend abschließendes historisches Datum erweisen werde. Doch in Form eines chronologischen ›Jahrestage‹-Buches wäre der Roman natürlich auch dann pünktlich und sinnvoll zu Ende zu bringen gewesen, wenn die Russen darauf verzichtet hätten, Prag zu besetzen.

Thomas Mann aber verbündete sich – im Vertrauen auf den Sieg der besseren Sache – mit der unbekannten Zukunft. Er baute die aktuelle Gegenwart, den spannenden Verlauf der Weltgeschichte ein, ließ seinen Zeitblom am 23. April 1943 losschreiben, weil er fasziniert war nicht nur vom Stoff des Künstlerromans, sondern weil ihm der schuldhafte Zusammenbruch des genialischen Einzelnen zugleich Bild und Symbol bedeutete für den schuldhaften Zusammenbruch des Deutschen Reiches. Er glaubte an die Zukunft. 1951 erschien im Kohlhammer-Verlag des englischen Autors Randolph Robbins zynischer, sehr geschickt konstruierter Roman ›Wenn Deutschland gesiegt hätte‹. Da gewann Adolf Hitler den Krieg, weil seine Wissenschaftler die Atombombe erfanden und seine Luftwaffe sie als erste einsetzte. In Frankreich wimmelte es nun von strahlenden Kollaborateuren: Hitler, Mussolini und Hirohito sind die Herren der Welt – freilich werden die Spannungen zwischen Berlin und Tokio immer bedrohlicher. Das Buch war eine spielerische Verwandlungskomödie, es kehrte eine historische Entscheidung um, die glücklicherweise längst gefallen war.

Thomas Mann aber spielte überhaupt nicht, sondern machte die Zukunft zum Stoff des epischen Teppichs, den er gerade zu knüpfen begann. Zeitgeschichtliche Betroffenheit ging unmittelbar in Leverkühns Biographie ein. Aber warum konnte oder sollte das Schicksal eines genialischen Komponisten für Deutschlands Schicksal stehen? Thomas Mann, als zweifle er selber in der Tiefe seines Herzens oder seines Unbewußten an der Triftigkeit dieses Symbols, behauptete es fast zwanghaft wieder und wieder. Wie jemand, der ahnt, sein *Thema* verfehlt zu haben, beteuert Thomas Mann unablässig, er rede von nichts anderem als von eben diesem. So wie Shakespeare oft »Sympathie-Lenkung« vornimmt, betreibt Thomas Mann »Bedeutungs-Lenkung«. Das Symbolische wirkt hier nicht nur aus sich selbst, sondern es wird zudem übereifrig beschworen. »Es war ein Künstlerleben«, so erzählt der Chronist Zeitblom einführend über seinen Freund, »und weil mir beschieden war, es aus solcher Nähe zu sehen, hat sich alles Gefühl meiner Seele für Menschenleben und Menschenlos auf diese *Sonderform* menschlichen Daseins versammelt... Diese Sonderform gilt mir« – und jetzt führt Thomas Mann die Parallelisierungsthese noch ganz unauffällig ein – »als das Paradigma aller Schicksalsgestaltung...« Das klingt ziemlich unverfänglich. Später geht Thomas Mann weiter. Wenn Leverkühn und Zeitblom im tiefsinnigen XXII. Kapitel über die Mischung aus Altmodischem und Kühnem in der Zwölftontechnik reden, dann behauptet Leverkühn plötzlich, alle interessanteren Lebenserscheinungen seien »progressiv und regressiv in einem«. Und nun, um die Brücke vom Künstler zur Politik, vom Kompositions-Prinzip zum Triumph des Faschismus bauen zu können, fragt Zeitblom, der eigentlich harmlose Studienrat, raffiniert schlau, ob diese Gleichzeitigkeit von Regressivem und Progressivem nicht eine Verallgemeinerung von häuslichen, also deutsch-nationalen Erfahrungen sei...

Natürlich hat auch Thomas Mann gewußt, daß die Arbeiten und die Lebensumstände eines elitären, kühlen, an öffentlicher Wirkung uninteressierten, kunstehrgeizigen paralyse-kranken Komponisten bei Licht besehen wirklich so gut wie nichts zu tun haben mit dem Zusammenbruch Deutschlands. Immerhin spricht Zeitblom von der »Biederkeit, der Gläubigkeit, dem Treue- und Ergebenheitsbedürfnis des deutschen Charakters« – was ja nun alles wirklich auf niemanden weniger zu beziehen wäre als auf Leverkühn. Gleichwohl beharrt Thomas Mann wie gebannt auf seiner Parallel-Aktion. Er scheut keine Kühnheit, läßt sogar aussprechen, daß die Deutschen aus *Einsamkeit* und *Hochmutsdünkel* den Durchbruch zur Welt notfalls kriegerisch erzwingen wollten. Da erinnern wir uns der gleichermaßen forcierten These Fritz Kortners über den Juden Shylock aus Shakespeares ›Kaufmann von Venedig‹. Shylock suche, laut Kortner, eigentlich ja die Freundschaft, suche im Grunde den Weg zum Herzen Antonios. Und weil er diesen Weg auf humane Weise nicht finden kann, wählt er das andere, blutige Mittel: er will Antonio die Brust aufschneiden – weniger um, sich an ihm rächend, zu morden, sondern vielmehr, um so zum Herzen des heimlich Geliebten durchstoßen zu können... Was für eine aufregende, schöne und absurde Konstruktion. Für ein grandioses Shakespeare-Märchen darf ein Regisseur sich dergleichen einfallen lassen: aber sind Hitler-Krieg und Faschismus, diese schlimmen Konsequenzen von Arbeitslosigkeit, verhetzter Massengesellschaft, deutschem Ressentiment, falscher Politik, Versailles und schwarzem Freitag – irgendwie mit Durchbruchssehnsucht und Künstlersorgen zu erklären? Der ›Doktor Faustus‹-Roman besteht darauf. Er setzt gleich, was sich nicht gleicht. Und hält die These durch bis zum Schluß. Wenn man genau hinschaut sogar noch demonstrativ im Fazit, in den letzten Worten. Sie lautet: »Ein einsamer Mann faltet seine Hände und spricht: Gott sei eurer armen Seele gnädig, mein Freund, mein Vaterland.«

Dieser symbolisierende Gleichsetzungszwang, diese Aufwertung des syphilitischen Genies Leverkühn, dem – wie Thomas Mann später forderte – »Mitleid zukomme, denn schließlich ist er ein Mensch, der das Leid der Epoche trägt«, das alles stellt keinen tragischen Tick dar, keine generalisierende Dichter-Marotte –, sondern eher eine Regression Thomas Manns zu seinen Anfängen. Thomas Mann warf die verhängnisvolle Mixtur aus Altertümlichkeit und Avanciertheit ja nicht nur den Deutschen und der teuflichen Zwölfton-Technik vor, sondern der ›Doktor Faustus‹ vibriert als Werk, als Parodie und als Bekenntnis wahrlich auch selber von dieser Mischung. So wenig nämlich diese Gleichheitsbeschwörung sich ergibt, wenn man mit modernem Zeitgeschichtler-Blick das Dritte Reich, den Zweiten Weltkrieg betrachtet, die Machtergreifung Hitlers und die Banalität des Bösen, sowie die Zwänge einer von Arbeitslosigkeit bedrohten proletarischen Massengesellschaft –, so stimmig wird die Verbindung, wenn eine dichterisch empfindsame Wahrnehmung, wenn eine poetische und romantische Seele den Zusammenbruch von 1945 vergegenwärtigt. Der Zusammenbruch einer faschistischen Diktatur hat nichts mit Teufelspakt und genialer

Leverkühnscher Tragik zu tun – doch falls 1945 jenes »ewige Deutschland«, wie es der junge Thomas Mann der ›Betrachtungen eines Unpolitischen‹ von 1918 gegen den Geist westlicher Zivilisationsdemokratie gefeiert und zweifelsvoll-pessimistisch verteidigt hat, höllisch zugrunde gegangen wäre, dann wäre die symbolische Parallele sinnfälliger! Der ›Doktor Faustus‹ ist schon ein vertracktes Schicksalsbuch: Betrachtet man Leverkühn und Deutschland mit aufgeklärtem, nüchtern-demokratischem Blick, dann stimmt die Gleichung nicht. Dann wirkt sie trüb und schicksalsgläubig forciert.

Nimmt man jedoch jene Haltung ein, über die Thomas Mann intellektuell hinaus war, über die er aber gefühlsmäßig nicht hinauskam, hängt man an der romantischen Idee des ewigen Deutschland, dann stellt Leverkühn, der sich zur schöpferischen Enthemmung dem Teufel verschreibt, zwar nicht logisch, wohl aber poetisch als plausible Metapher für den scheiternden Genius unseres Volkes dar. Diese Metapher ist wahrlich mehr dichterisch als realistisch aufklärerisch. Sie war uns Deutschen freilich nach dem Zweiten Weltkrieg noch viel selbstverständlicher als heute, da ein ziemlich materialistisches Klima es nahelegt, den Staat eher mit einer GmbH zu verwechseln. Damals, 1948, schrieb Karl Krolow ein Gedicht mit dem Titel ›Lied, um sein Vaterland zu vergessen‹, wo das alte herbe Wort *Deutschland* mächtig durchtönt. Damals dichtete Ingeborg Bachmann im ›Frühen Mittag‹:
Wo Deutschlands Himmel die Erde schwärzt,
braucht sein enthaupteter Engel ein Grab für den Haß
und reicht dir die Schüssel des Herzens.

Auf solche Weise unternahm es also Thomas Mann, im zugrundegehenden Musiker seine untilgbare Idee des ewigen Deutschland weniger zu gestalten als zu beschwören. Damit stellte er sich als Autor die schwerste Aufgabe seines Dichterlebens: Deutschlands Untergang einerseits im Spiegel eines Komponistenlebens als rührendes Schicksal und andererseits als entsetzlich barbarisches Dummheitsschicksal zugleich erscheinen zu lassen. Logisch war das nicht lösbar. Mit logischer Rechthaberei aber kommt man dem Kunstprodukt einer solchen spannungsvollen Aporie, einer derartigen Erkenntnis- und Gefühlsnot überhaupt nicht – oder bloß triumphal-töricht bei.

Alles bisher Angedeutete läuft aufs betroffene »Aufwiegeln« eines Künstlerromans hinaus. Adrian Leverkühns Leben, das von 1885

bis 1941 dauerte, wird im Flammenschein der letzten beiden Kriegs-
jahre berichtet und gesteigert zum Symbol für den Zusammenbruch
des ewigen, weltscheuen, stolzen, sich mit dem Hitler-Teufel ver-
bündenden Deutschland.

Was wird nun ein 68jähriger Autor zu tun versuchen, der seinen
Stoff so ungeheuerlich zum deutschen Menschheits-Drama aufwie-
geln wollen muß? Nun, er wird nach Mitteln Ausschau halten, die
Sache auch irgendwie »*abzuwiegeln*«, und er wird nach Helfern
suchen für seine Riesenarbeit. Die Abwiegelung hat im ›Doktor
Faustus‹ einen Namen, sie heißt: Serenus Zeitblom. Und auch der
Helfer hat einen Namen: Theodor Wiesengrund Adorno.

Fangen wir mit Zeitblom an. Lange vor dem ›Doktor Faustus‹ hat
Thomas Mann, bemerkenswerterweise ohne die Zwischenschaltung
eines liebenswürdig-harmlosen Erzählers ein Künstlerschicksal beschrieben, nämlich den Tod des pflichtgetreuen, aber der platonischen Liebe zu einem Knaben und der Cholera erliegenden Gustav
von Aschenbach. Es war die Geschichte der Auflösung einer Haltung, einer produktiven Selbstdisziplin. Es war die Tragödie des
künstlerischen Leistungs-Ethos. Auch Aschenbach durfte keinen
wahren Freund, kein Du, keine unbeschwerte Jugend haben. Sondern nur die Kunst und dann den Tod. Kein Wunder, daß dieser ›Tod
in Venedig‹ auch als hellsichtige Kritik an preußischer Haltung begriffen werden konnte, geschrieben zu einer Zeit, da Preußens Glo-
ria strahlte. Im ›Tod in Venedig‹ ergab sich das Symbolische von
selbst, es war ein Schatten der Gestalt, des Gestalteten. Bei der Gegenüberstellung dieser Todeserzählung und des ›Faustus‹-Romans
erkennen wir: die Wirkung der frühen Novelle hing mit der herben
Ernsthaftigkeit der Darbietung zusammen. Gewiß, es gab auch
beim ›Tod in Venedig‹ hohen Ton und Rausch. Jede Begebenheit
fügte sich fast zu gut in einen Bedeutungs- und Symbol-Kosmos
ein, führte gleichsam ihr Maskierungs-Leitmotiv wie eine Lizenz,
eine Visitenkarte vor. Doch dem ›Tod in Venedig‹ fehlte die Ironie,
die Durchheiterung, die gut gemachte, sei's nachsichtige oder un-
nachsichtige Verspottung von Eitelkeiten, Affektiertheiten, Gebrechen. Die Novelle war das erste große Thomas-Mann-Werk ohne
alles drollig Christian-hafte der ›Buddenbrooks‹, ohne allen Spinell-
Klöterjahn-Witz, ohne Tonio-Kröger-Anekdoten, Zauberberg-
Brillanz oder heitere Joseph-Gelassenheit... Also ohne jene ausführlich malende, amüsant treffsichere, *behagliche* Ironie, an die

Thomas Mann sein Publikum gewöhnt hatte. Dafür vollzog sich Aschenbachs Schicksal als Exemplum antikisch *tragischer* Ironie.

Im ›Doktor Faustus‹ fühlte sich Thomas Mann gezwungen, nach soviel Stoff-»Aufwiegelung« bei der Darbietung abzuwiegeln. Darum erfand er den Serenus Zeitblom und ließ ihn erzählen. Thomas Mann beteuerte immer wieder, es wegen des heiteren Kontrastes zu tun, sonst werde die Sache zu düster. Doch diese Erklärung befriedigt nicht. Näher liegt eine andere: Thomas Mann ging es darum, den dämonischen Vorgang von einem erschrockenen Humanisten vortragen zu lassen, ihn auf diese Weise zu humanisieren, so wie Thomas Mann selber als heiterer Erzähler im ›Joseph‹ den Mythus zu humanisieren versucht hatte. Der alte Dichter traute sich eben nicht unmittelbar an den schicksalhaft aufgewiegelten Stoff heran und wiegelte ihn nun wieder planvoll, meisterhaft, aber manchmal auch allzu nett-verharmlosend ab. Der gutmütige, gutartige Dr. phil. Serenus Zeitblom mag für die Entstehung des Romans unumgänglich gewesen sein; aber eine bildungsbeflissene Zumutung ist er halt auch. Gewiß, er sinnt erfindungsreich den Worten nach, berichtet ergreifend, wie sein Freund von der tiefen Nacht in die tiefste – nämlich vom Wahnsinn in den Tod gegangen. Aber wie reimt sich das mit Zeitbloms karikaturnah umständlichem Gerede – seine Hochzeit und Ehe beispielsweise erläutert unser Freund ein wenig seltsam: »Frühzeitig... habe ich mich vermählt. Ordnungsbedürfnis und der Wunsch nach sittlicher Einfügung ins Menschenleben leiteten mich bei diesem Schritt. Helene, geb. Ölhafen, mein treffliches Weib...« Und in dieser Art weiter. Zugegeben, ein sanft karikierter betagter Oberlehrer mag vielleicht so reden. Doch wenn eben dieser Oberlehrer dann im Verlauf des Romans über Thomas Mannsche Differenziertheit und Psychologie verfügt, wenn er Figuren wie den Schildknapp ungeheuer sinnfällig und treffend zu durchschauen und zu charakterisieren vermag, dann scheint die Einheit der Figur nicht nur strapaziert, sondern zerstört. Dann hört die Rollen-Prosa, die gewiß nicht als allzu enge Verpflichtung begriffen sei, ganz auf. Die Alternative ist ärgerlich: entweder haben wir es mit einem halbwegs stimmigen, biederen Langweiler zu tun oder mit einem brillanten Stilbruch. In seltsame Verlegenheit gerät Thomas Mann, wenn Zeitblom, der einerseits kein Nazi, andererseits doch ein vom Luftkrieg betroffener Deutscher ist, blödsinnig manieriert über den Fortgang der Katastrophe salbadert: »Unsere zerschmetterten und zermürbten Städte fallen wie reife Pflaumen. Darmstadt, Würzburg, Frankfurt gingen dahin, Mannheim und Kassel, Münster gar, Leipzig bereits gehorchen den Fremden.« Das ist eine trotz der vielen Ortsnamen ortlose Sprechweise. Auch als pointierte Stilisierung macht diese Ausdrucksart niemanden und nichts erkennbar oder glaubhaft: weder den betroffenen Philologen noch den Anti-Nazi, noch den verwirrten Konservativen.

Man spürt nicht ohne Mitgefühl, wie Thomas Mann sich anfangs bei Zeitblom in hilfreiche, ironische Umständlichkeit flüchtet. Je weiter aber der Roman forschreitet, desto ergriffener gibt Thomas Mann die Rollenprosa auf, desto sympathischer, herzbewegender wird Zeitbloms Leiden und Mitleiden. Die Darstellung von Schwerdtfegers Freundschaftsbetrug, von Leverkühns Ende ist Prosa großen Stils. (Übrigens jene Höllenschilderung, die allerdings Leverkühn selber bei seiner Aufzeichnung des Teufelsgespräches entwirft, scheint mir nicht nur im ›Doktor Faustus‹, sondern im Gesamtwerk von Thomas Mann ohne Vergleich.)

Es ist aufregend, nachzukonstruieren, wie Thomas Mann es sich möglich machte, in beträchtlichem Alter den schwersten und gewichtigsten Stoff seines Lebens zu bewältigen. Offenbar benötigte er die Abwiegelung durch einen lieben Humanisten, um sich an die hochaufgewiegelte Komponisten-Staatsaktion überhaupt heranzutrauen. Weil aber der ›Faustus‹-Roman trotz aller kunstvollen Symbolik ein realistisches Buch ist, das von gewaltiger Lebenserfahrung, von Durchdachtem und Erlittenem vibriert, wirken die umständlichen Pretiositäten dieses Zeitblom allzu absichtsvoll und amüsierwillig. Sie sind genauso pedantisch und heiter-verspielt wie die gleichfalls nicht übermäßig komischen Parodien des groben Luther-Deutsch im Munde kraftstrotzender Theologen. Gewiß läßt sich entgegnen, auf das traditionelle Kunst-Ziel der »Einheit des Charakters« käme es in einem solchen Endzeit-Roman nicht an. Doch warum eigentlich nicht? In einem Werk wie dem ›Doktor Faustus‹ mag essayistische Fülle die Lebensäußerungen mancher Gestalten überwuchern – trotzdem müßten die wichtigen Gestalten des Romans grundsätzlich kenntlich und konsistent sein. T. S. Eliot durfte in der ›Cocktailparty‹, einer Komödie mystisch-surrealistischer Art, seine Hauptfiguren antinaturalistisch gespalten und verdoppelt vorführen. Doch der späte Thomas Mann hatte – und äußerte im Zusammenhang mit Hatfields Realismus ein anderes Credo: »Wir mögen stilisieren und symbolisieren so viel wir wollen – ohne Realismus geht's nicht. Er ist das Rückgrat und das, was überzeugt.« Aber an diesem Rückgrat fehlt es Zeitblom, weil er zugleich Mensch, Hilfskonstruktion und Sprachrohr sein muß...

Der ›Doktor Faustus‹ ist der musikerfüllteste und intelligenteste Künstler-Roman der deutschen Literatur, wenn nicht der Weltliteratur. »Das Städtchen Eschenbach liegt ganz flach in der Ebene. Es ist ein übriggebliebenes Stück Mittelalter, aber die Fremden kennen es nicht, es ist stundenweit von der Bahnlinie entfernt...« – so beginnt allerdings nicht der ›Doktor Faustus‹, sondern, atmosphärisch erstaunlich ähnlich, Jakob Wassermanns Musiker-Roman ›Das Gänsemännchen‹. Vergleicht man nun Wassermanns schönes, im Hinblick auf die Rolle der Musik eher verschwommenes und unkonkretes Buch, von dessen Ungenauigkeit sich Thomas Mann distanzierte, mit dem ›Doktor Faustus‹, dann tritt überwältigend zutage, um wie vieles näher Thomas Mann der Musik stand, um wie vieles eindringlicher er Musikverläufe zu verbalisieren wußte, wie unvergleichlich viel reicher sein dreißig Jahre nach Wassermanns Musiker-Roman erschienenes Spätwerk ist.

In den ersten sieben Kapiteln des ›Doktor Faustus‹ wird eine deutsche, provinzielle Jugend geschildert: das Erwachen eines musikalischen Menschen. Rasch wird ein mächtiges Musik-Crescendo, ein vielbesagender Höhepunkt erreicht: die Vorträge des stotternden Wendell Kretzschmar über Beethovens Opus 111, über Beißels archaisch primitive Musik. Damit haben der Erzähler, Zeitblom, und Adrian viel Stoff, charakteristische Gespräche zu führen und Leitmotive für den ganzen Roman zu exponieren. Im XI. Kapitel erfolgt der erste große Einschnitt: Adrian beginnt sein Theologie-Studium in Halle an der Saale. Nun tritt die Gottesgelehrsamkeit und die mit ihr eng verknüpfte Existenz des Teuflischen beherrschend hinzu. Der junge Student Adrian holt sich im Bordell eine tödliche Infektion. Nach dem herausragend intensiven Musik-Gespräch im XXII. Kapitel beginnt Adrians Leben in und dann bei München. Er ist ein sich langsam durchsetzender Avantgarde-Komponist. Sein ästhetischer Scharfblick, sein, wie Zeitblom es meisterhaft nennt, ästhetisches »Scharfgefühl« läßt ihn immer gewagtere Kunst-Abenteuer bestehen. Fürs riesige, alles entscheidende Teufelsgespräch erträumt sich Adrian in Italien einen Mephisto, der anfangs so aasig glatt spricht, als erinnere sich Thomas Mann da an seinen einstigen

Schwiegersohn Gustav Gründgens. Während des Zwölfton-Dialoges aber verwandelt sich der theoretisierende Teufel unverkennbar in den Professor Adorno. Diesem Teufel vermacht also Adrian alles mitmenschliche Alltags-Glück und sein ewiges Leben – um der radikal befreiten künstlerischen Produktionsfähigkeit willen.

Adrian bleibt stets am Rande der Münchner Gesellschaft, die nach 1918 gewisse archaische, antidemokratische Faschismus-Haltungen immer anziehender und origineller zu finden für schick befand. Zwei unglücklich endende Liebes-Episoden, die nicht eigentlich stattfinden dürfen, ein geliebtes Kind, das sterben muß, eine Reihe von bedeutenden Werken, endlich Wahnsinn und Tod: das ist – hier kurz und als oberflächliche Erinnerungshilfe zusammengefaßt – der äußere Ablauf, den Zeitblom in seiner Freisinger Klause seit 1943 chronikalisch zu Papier bringt. Daß die Musik den weitaus wichtigsten Kontrapunkt bildet zum historischen und menschlichen Geschehen in Kaisersaschern, München und Pfeiffering, macht bereits eine so knappe Rekapitulation deutlich. Warum aber beklagen sich auch die geduldigsten und gebildetsten Thomas-Mann-Leser, sie hätten bei aller Bewunderung im Einzelnen die Bedeutung und Stichhaltigkeit der musiktheoretischen Erörterungen im Ganzen nicht wirklich verstehen oder nachvollziehen können?
Meine Antwort lautet: Weil die Musik-Philosophie im ›Doktor Faustus‹ in sich selbst nicht völlig stimmig ist, nicht schlüssig: weder als Theorie modernen Komponierens noch auch als einleuchtende poetische Metapher für einen Welt- und Seelen-Zustand. In dem Buch stehen überwältigende Passagen über Beethoven oder über den Charakter des jungen Geigen-Virtuosen Schwerdtfeger, den Thomas Mann so genial produktiv anzuschauen und so liebevoll zu durchschauen wußte, daß wir den Eindruck haben, in diesem einen Geiger habe Thomas Mann nicht nur seinen einstigen Münchner Freund, sondern auch den Habitus heutiger Konzertmusiker wie Thomas Brandis oder Kurt Guntner rätselhaft getroffen. An wunderbaren Schilderungen musischer Details fehlt es nicht. Und es beeinträchtigt die Herrlichkeit der innigen Seiten über Beethovens Opus 111 kaum, daß die Begründung der Spätstil-Exegese eher stilistisch als sachlich beeindruckt. Von kahlen, stehengebliebenen, den Tod verkündenden Konventionen ist da grandios die Rede. Doch diese erbaulichen Einsichten, die Thomas Mann von Adorno geschenkt worden waren, stimmen mit dem Sachverhalt bei Beethoven wenig überein. In der

klassischen Periode, zur Zeit des Violinkonzerts, der 5. Symphonie und der Appassionata kam Beethoven wahrlich mit noch viel simplerem, kahlerem Material aus – mit noch viel konventionelleren Dreiklangsbrechungen und Akkordumspielungen als in der durchaus widerborstigen, rhythmisch und harmonisch tiefsinnig durchkalkulierten Sonate Opus 111, deren Geheimnisse Heinrich Schenker so faszinierend materialnah entschlüsselt hat.

Nun ist es in einem Roman ziemlich irrelevant, ob sich Interpretations-Spekulationen musikologisch anfechten lassen oder nicht. Aus den Beethoven-, Schubert- oder Wagner-Beschwörungen Thomas Manns spricht unverkennbar hellsichtiges Interesse, passionierte Liebe. Wenn dergleichen im Roman zur erkenntnisvermittelnden Huldigung umgeschmolzen wird, dann findet Musik eben ihr Echo in Dichtung . . .

Doch wie verhält es sich mit der modernen Musik Leverkühns? Auch da wäre zunächst einzuräumen, daß ein Roman nicht der Ort zu sein braucht, wo man sich exakte Informationen über die Entstehung und Bedeutung der Zwölftontechnik holt. Die Dodekaphonie, also die Reihentechnik, spielt im ›Doktor Faustus‹ die Rolle eines Befreiungs-Elixiers, gewonnen gleichsam aus der Wiener atonalen Hexenküche. Anfangs war Leverkühns Komponieren bedroht von klassizistischer und parodistischer Unfruchtbarkeit. Nach der teuflischen Infektion, nach der Entdeckung der Dodekaphonie, findet er erregende und selbständige Wege.

So war es nun bei Schönberg überhaupt nicht – aber das verschlägt auch wenig. Schönberg entwickelte die Dodekaphonie als ein formales Bewältigungsmittel des vorangehenden freien hochdramatischen Expressionismus: Er setzte also dem *Überdruck* und *Überausdruck* sein zähmendes System entgegen. Leverkühn indessen setzt dieses System einem *Mangel an Druck* entgegen, einer klassizistischen Klangspielphase – wie sie eher beim mittleren Strawinsky zu beobachten wäre. Das heißt, in Leverkühn verbindet sich sanft paradox und verwirrend eine Phase Strawinskys mit einer Konsequenz Schönbergs.

Doch wie gesagt: Der Roman braucht ja nicht als Einführung in die Neue Musik gelesen zu werden und auch nicht als Beethoven-Buch. Als noch problematischer stellt sich folgendes heraus: Thomas Mann liebte und bewunderte zwar die große deutsche Weltanschauungsmusik zwischen Beethoven und Wagner aus Vertrautheit und

Eingeweihtheit; aber die moderne Musik, die Wiener Schule, sagte seiner Seele nichts. Dafür ließen sich massenhaft Zitate beibringen. »Ich verstehe mich auf die neue Musik nur sehr theoretisch«, schrieb er sogar noch nach der Entstehung des ›Doktor Faustus‹. »Ich weiß wohl etwas davon, aber genießen und lieben kann ich sie eigentlich nicht. Ich habe ja offen erklärt, daß die Dreiklangwelt des ›Ringes‹ im Grunde meine musikalische Heimat ist.«

»Wenigstens ehrlich« – hätte Schönberg auf dieses Geständnis sarkastisch antworten können.

Aber eben weil er nicht liebte und nicht genießen konnte, war er natürlich auf seinen intellektuellen Informanten, der ihm nicht bloß Fakten liefern, sondern auch alles das von der Neuen Musik sagen sollte, was sein eigenes Gefühl ihm verschwieg, hilflos angewiesen. Er war der Adornoschen Klugheit gleichsam wehrlos ausgeliefert.

Das hatte Folgen für den Roman. Zwar bemühte sich Adorno, in selbstloser Weise Tonstücke Leverkühns, »fiktive Zwölfton-Musik«, so zu erfinden, daß sie zum Verlauf des Buches paßten. Doch wollte und konnte der genialisch gescheite Adorno natürlich keineswegs vermeiden, daß Thomas Mann nicht bloß Adornos Gelehrsamkeit dankbar in Anspruch nahm, sondern auch die von dieser Gelehrsamkeit untrennbare, scharfsinnige, punktuelle, dem Verhalten rasch ausgesetzte Kulturkritik.

Der Zwölftontechnik, wie Leverkühn sie vom Teufel, der Teufel sie von Adorno und Adorno sie von Schönberg lernte, wird im ›Doktor Faustus‹-Kosmos eine wichtige Funktion aufgebürdet! Sie ermöglicht Befreiung, gleicht einer Droge zum Durchbruch der Produktivität – was man als These des Romans hinzunehmen und zu verstehen hat. Darüber hinaus, und das glaubt man nur zu verstehen, wird diese Technik aber auch als Teufelswerk, ja noch Schlimmeres ausgegeben. Wie geht das zu? In ›Deutschland und die Deutschen‹ schrieb Thomas Mann, ganz im Banne seines Musik-Romans, die Musik gehöre nun einmal zum Typisch-Deutschen. Und dann heißt es: »Wo der Hochmut des Intellektes sich mit seelischer Altertümlichkeit und Gebundenheit gattet, da ist der Teufel.«

Ein tiefsinniger Satz. Eine Zusammenfassung gleichsam der so plastisch beschriebenen Musikstücke des ›Faustus‹-Romans. Zeitblom stellt im XXI. Kapitel fest: »Wer wollte in der quasi-geistlichen Musik seiner späteren Jahre, der ›Apokalypse‹ und dem ›Dr. Faustus‹, den stilistischen Einfluß jenes Madrigalismus [aus der Monteverdi-

Zeit] verkennen? Das Element eines zum Äußersten gehenden Aus-
druckwillens war immer herrschend in ihm, zusammen mit der intellektuellen Leidenschaft für herbe Ordnung, das niederländisch
Lineare. Mit anderen Worten: Hitze und Kälte walteten in seinem
Werk, und zuweilen, in den genialsten Augenblicken, schlugen sie
ineinander, das Espressivo ergriff den strikten Kontrapunkt, das Ob-
jektive rötete sich von Gefühl, so daß man den Eindruck einer glühenden Konstruktion hatte, die mir, wie nichts anderes, die Idee des
Dämonischen nahebrachte...«
Herrliche, unübertreffliche Formulierkunst. Da ist er wieder, der
Teufel. Grandios beschrieben – aber dürfen wir an ihn glauben?
Was Thomas Mann für teuflisch ausgibt, die intellektuelle Verbindung von selbstbewußter Modernität mit Uraltem – stellt immerhin
eine unveräußerliche Voraussetzung so mancher großen Musik dar.
In Bachs ›Kunst der Fuge‹ wird mit Hilfe archaischer kontrapunkti-
scher Techniken avancierteste Reiz-Harmonik geboten. Beim spä-
ten Beethoven, bei Brahms, Reger, Strawinsky, Webern, eigentlich
überall begegnen wir immer wieder dem Zusammenstoß zwischen
enormer intellektueller, vielleicht sogar selbstgewiß hochmütiger
Bewußtheit einerseits und uraltem Formenbestand andererseits.
Doch Thomas Mann benötigt halt im ›Faustus‹-Roman Teuflisches.
So oft wir in früheren Thomas-Mann-Werken Totenmasken begegnen, so häufig begegnen wir im ›Faustus‹ den Verkleidungen des
Teufels. Weil in den ›Faustus‹-Kosmos halt um jeden Preis ein Mephisto gehört, bringt Thomas Mann die historisch ebenso trium-
phale wie verhängnisvolle Regression faschistischer Deutschtüme-
lei, die sich bei den Nazis mit technischer Modernität verquickte, auf
einen Nenner mit Leverkühns modernen und zugleich archaisieren-
den Kompositionen. Alles teuflisch.
Das ist nun aber eher faszinierend als überzeugend. Doch Adorno
genügte es immer noch nicht. Die Zwölftontechnik, wie Leverkühn
sie handhabt, sieht er, sieht Thomas Mann, sieht der Roman als
Ausdruck von Zahlenmystik, als Ausdruck abergläubischer, ganz ir-
realer Zwölftonrationalität...
In Adornos ›Philosophie der Neuen Musik‹ ist bei Zwölfton-Analy-
sen ja ausführlich die Rede von jenem sinnlosen Sinn, von jener
Zwölftonstimmigkeit, die *nicht* stimmt, sondern umschlägt in
Schicksalhaftigkeit.
Als Thomas Mann am ›Doktor Faustus‹ schrieb, lag ihm übrigens

sogar bloß die viel schärfere Schreibmaschinenfassung des damals noch ungedruckten Adorno-Buches vor! Im Typoskript war Adorno bei seiner Charakterisierung von Zwölftonrationalität noch einige boshaftere Schritte weitergegangen. Er brachte die Zwölftonrationalität direkt und ausdrücklich mit »Astrologie« und »Aberglauben« in Verbindung. Das kommt nun alles – den Roman in gefährliche Essay-Nähe bringend – im ›Doktor Faustus‹ wieder: jener im Zwölfton-System beschlossene »Glauben an die Sterne, die Zahlen«.

Aber wenn Adorno das Wort »Astrologie« benutzte, meinte er etwas nicht nur Sektiererisches, sondern Schlimmeres. Er hat das in seiner Musikphilosophie vorsichtshalber nicht ausgesprochen, wohl aber in einem recht entlegenen, späteren Vortrag ›Zur Bekämpfung des Antisemitismus heute‹. Da heißt es klipp und klar: »Ich könnte Ihnen den Nachweis erbringen, daß bis ins einzelne eine strukturelle Übereinstimmung der, lassen Sie mich sagen, ›astrologischen Stereotypen‹ und der ›antisemitischen Stereotypen‹ vorliegt.« Punkt. Diesen finsteren Unterton müssen wir mithören, wenn Leverkühns Technik im ›Faustus‹ mit Astrologie in Verbindung gebracht wird. Arnold Schönberg hatte ein wenig recht, ergrimmt zu sein über die Konsequenzen, die nicht ihm – Leverkühn hat mit Schönberg nichts zu tun, mehr mit Nietzsche –, wohl aber dem von ihm erschaffenen Kompositionssystem hier zugesprochen werden. Übrigens haderte der stets gereizte, mißtrauische Schönberg nicht nur mit Thomas Mann, sondern er bestimmte, daß neben vielen anderen auch Adorno nicht an seinen Nachlaß heran dürfe...

Alle diese bestürzenden und wohl auch für Thomas Mann kaum durchschaubaren Implikationen der »Zwölftontechnik« müssen gutwillige, erst recht Normalleser einigermaßen verwirren. Und das taten sie auch. Adorno hat Thomas Mann mit aller Kraft unterstützt, kein Zweifel. Aber er hat Thomas Mann, der zur Neuen Musik keine liebend produktive Beziehung besaß, sozusagen die Sphäre der Musik aus der Hand genommen, hat geholfen und hat dabei den Geist der in den Roman eingegangenen Musikspekulation untilgbar beeinflußt. Und als Thomas Mann – was vielleicht gar nicht so schlecht zu Leverkühn und Schönberg paßt, denn die Ausdruckskraft des Schönbergschen Spätwerkes kann für *ungebrochen religiös fundiert gehalten werden* und ist auch so bezeichnet worden –, als Thomas Mann am Ende des Romans einen offenbar metaphysischen Schluß dichtete, da redete Adorno dem Alten, er hat es selbst in seinem ›Porträt Thomas Mann‹ mitgeteilt, die Positivität des ungebrochenen Theologischen wieder aus! Ich fand, so Adorno, »die höchst belasteten Seiten zu positiv, zu ungebrochen theologisch. Ihnen schien abzugehen, was in der entscheidenden Passage gefordert war, die Gewalt bestimmter Negation als der einzig erlaubten Chiffre des Anderen. Thomas Mann war nicht verstimmt, aber doch etwas traurig.«

Kein Wunder. Aber er ließ sich überreden und schrieb einen berühmt gewordenen neuen Schluß. Wie konnte er auch seinem klugen Helfer widerstehen, der so fabelhaft genau wußte, was einzig erlaubt ist und was nicht... Das war für Adorno fabelhaft klar: Unerlaubt ist eben das Positive. Erlaubt hingegen ist einzig die bestimmte Negation.

Nun standen solche Gedankengänge Thomas Mann keineswegs völlig fern. Sonst hätte er sich ihnen wohl doch nicht gefügt. Ihm lag nämlich auch daran, deutsche Musik zum Symbol der Weltfremdheit, der elitären Bedrohlichkeit zu machen. Dergleichen ist nicht falsifizierbar. Dabei läßt sich mit einigem Recht einwenden, daß große deutsche Musik zwischen Bach, Mozart, Beethoven, Schubert, Schumann, Brahms wahrlich viel menschenverbindender, gemütlicher, in ihren Menuetten, Walzern, Scherzi, Chören und Konzerten viel menschenverbindender ist als etwa die meist anstrengendere hohe deutsche Literatur, auch als die meist so erlesene, subtile französische Musik. Manchmal scheint es, als wollte Thomas Mann die große deutsche Musik, die er liebte, literarisch kränken, weil Deutschland, das er auch liebte, ihn so tief gekränkt hatte.

Womit wir beim heiklen Verhältnis des alten Herrn auch zu München wären. Gerade weil er sich – wie sein Sohn 1933 ja so hellsichtig geschrieben hatte – für Deutschland *verantwortlich* fühlte und ohne Deutschland eigentlich nicht leben konnte –, gerade darum verhielt er sich so starr und so inkonsequent wie nur je ein Coriolan, ein Verbannter, Liebender und Zugehöriger. Er war entsetzt und tief gekränkt. Schob den ersten München-Besuch nach 1945 immer wieder auf, würdigte, als er dann endlich kam, seine alte ausgebrannte Villa in der Poschingerstraße keines Blickes, ging gar nicht hin. War er so hart geworden, so tödlich tief verletzt? Nun, im ›Doktor Faustus‹ kommt die Münchner Lebensart, die »töricht harmlose Lebensstimmung, die sinnlich-dekorative und karnevalistische

Kunstgesinnung dieses selbstverliebten Capua« im allgemeinen recht schlecht weg. Daß Thomas Mann, wie er Agnes Meyer, seiner amerikanischen Freundin, nach einem schweren Luftangriff auf München schrieb, »immer eine Ahnung von diesem Dummheits-Schicksal der ›Wiege der Bewegung‹« hatte, ging in manche München-Passagen des ›Faustus‹ ein. Und manche, die einst mit ihm befreundet gewesen waren, dann aber im Hitlerstaat mitgemacht hatten, mußten im ›Faustus‹ dafür zahlen. Emil Preetorius zum Beispiel. »Daß eine ehrbarere Beschäftigung denkbar war, als für Hitler-Bayreuth Wagner-Dekorationen zu entwerfen – sonderbar, es scheint dafür an jedem Gefühl zu fehlen«, grollt Thomas Mann 1945 in Amerika, nach Kriegsende. 1944 spottete er im Brief noch: »Daß der enorm gescheite Preetorius ausgerechnet jetzt nach Ungarn fährt, um über« – nun parodiert Thomas Mann sogar den Dialekt des ehemaligen Akademie-Präsidenten –, »um über die Feunheite der ostasiatischen Kunst zu schwätze – zeugt von der Abgestorbenheit der Begriffe.«

Preetorius wurde zum kleinen Pilatus des ›Faustus‹-Romans. Es ist gefährlich, mit dem Genie befreundet zu sein. Der Kridwiß, in vielem Preetorius nachgebildet, hält fest für alle Zeiten, wie heftig sich gewisse Intellektuelle einst an antidemokratischem Gerede, an theoretischen Gewaltorgien, an jenem schönen Terror berauschten, der ihnen interessanter dünkte als schäbiger demokratischer Alltag.

Das war dann später für den liebenswert eitlen Preetorius bitter, und Thomas Mann mußte sich noch 1953 in der Preetorius-Festschrift sehr gewunden bemühen, durch Abwiegelung freundschaftlich wieder gutzumachen, was der Roman untilgbar aufgewiegelt hatte.

Aber so war er: Wenn er im vertraut und vertraulich Einzelnen auf München und Münchner kam, wenn er im ›Doktor Faustus‹ Straßennamen erwähnt, das Hotel ›Vier Jahreszeiten‹ einführt, die Konzerte beschreibt, wenn die arme Clarissa als Schauspielerin im westpreußischen Elbing engagiert wird, was von München aus nun wirklich der tiefsten und fernsten Demütigung gleichkam – dann schlägt unverkennbar altmünchnerische Sympathie durch. Gleichwohl: Thomas Manns Kunstkraft hat die Sünden der Münchner Intelligenzija und Schickeria gegeißelt, so wie halt Chaplin den Hitler, Goethe den Nicolai hernahm oder Wagner den Hanslick – und eine Berufung dagegen gibt es nicht. Er zürnte der Heimat auch dafür, daß er sie nicht zu vergessen vermochte.

Wir aber konnten – als er die inneren Emigranten zu Ofenhockern ernannte, über denen der Ofen zusammenbrach – wiederum nicht wissen, wie namenlos stolz er in der Ferne auf München war, wenn sich Gelegenheit dazu bot. Thomas Mann schrieb 1943 in Amerika: »Ich habe vor dem, was die europäischen Völker durchgemacht haben, zuviel Respekt, auch vor dem, was die Deutschen durchgemacht haben, als daß nicht der Gedanke der re-education von außen mich in Verlegenheit setzen müßte. Die sind durch ein Fegefeuer gegangen, durch das wir nicht gegangen sind, und in gewisser Weise sind sie uns voraus ...«

Schreibt so ein erbarmungsloser, verbitterter Hasser? Und weiter: »Die Nachrichten von der Münchner Universität haben mich tief bewegt – umso mehr, als ich es immer als besonders traurig empfunden habe, daß gerade die Jugend durch eine Reihe von Jahren von Nazi-Lügen-Revolution verblendet war. Und nun! Zehn Studenten und ein Professor hingerichtet – mit dem ausdrücklichen Hinzufügen, es gäbe viele von ihrer Art! Die wenigstens scheinen es nicht nötig gehabt zu haben, von den Angelsachsen in die Schule genommen zu werden.«

Wie leuchtet da der jubelnde Patriotismus, auch München-Patriotismus des 68jährigen Emigranten auf! Das war eine Saite in ihm, die er mal laut tönen ließ, die er lange Zeit gar nicht mehr anspielte, dann wieder leise anstrich oder nur in ironischem Flageolett. Aber sie ganz aus sich herauszureißen – das bekam er nicht fertig. So ging es ihm mit vielen Denkbildern, Zuneigungen. Er kam über vieles hinaus bis wer weiß wohin, und blieb alledem verhaftet, wer weiß wie tief.

Darum kann kein zusammenfassender Begriff gleichsam oberhalb des ›Doktor Faustus‹-Bezugs-Systems existieren. Die herrliche Genauigkeit des bannenden Autorenblicks birgt in jeder Weise Unermeßliches: ob es nun die Beschreibung eines Gegners ist, die Beschreibung einer mittelalterlichen Verbrennung, die Beschreibung des höllischen Konzentrationslagers. Andererseits verrät Thomas Manns *Abwiegelungstechnik* zweifellos Schwäche. Aber mit Hilfe dieser Schwäche machte der Dichter sich und uns diesen Roman möglich. Was die Welt des ›Doktor Faustus‹ als offenbares weltanschauliches, sagen wir, antifaschistisches oder ideologiekritisches

Fazit erbringt, erlaubt, nahe legt –, das liegt tief und banal unterhalb ihrer eigentlichen begriffslosen Kunstwahrheit. Kafka, der Thomas-Mann-Bewunderer, durchschaute die Natur der Thomas Mannschen Vielfalt souverän: Das Neue liege... »in dem eigentümlichen nutzbringenden Verliebtsein in das Gegensätzliche«.

Der ›Doktor Faustus‹ lebt nicht von der eventuellen Richtigkeit seiner Behauptungen, stirbt also auch nicht an deren eventueller Widerlegbarkeit. Dieses Buch ist nicht reinlich auf Tendenzen oder Begriffe reduzierbar. Gerade darum macht es auch heute noch betroffen. Denn immerhin soviel begreifen wir nun: selbst am unsinnigsten und irrendsten Menschendasein kann etwas Liebenswertes sein, während, wie Thomas Mann schrieb, am Nichts, am Ewig-Leeren des Mephisto, auch nichts zu lieben ist. Der ›Doktor Faustus‹ wurde ein schwer erkämpftes und heftig verletztes Lebensbuch. Er ist ein wahrlich nicht fehlerlos-unwidersprüchlicher Roman des *Selbstmitleids* wie des *Mitleids* – mit dem schlimmen Leverkühn, mit der schlimmen Musik, mit dem schlimmen Deutschland und dem schlimmen München.

Die Emanzipation aus der Sphäre des Unpolitischen

Thomas Mann, am 6. Juni 1875 in Lübeck geboren, kam 1894, als noch nicht Zwanzigjähriger, nach München und hat bis Anfang 1933, als er es aus guten Gründen für ratsam hielt, nicht mehr in das von den Nationalsozialisten zur Hauptstadt der Bewegung erhobene München zurückzukehren, in Bayerns Hauptstadt gelebt. Von hier aus machte er seinen Weg als großer deutscher Schriftsteller. Noch in der Münchner Zeit, bei der Verleihung des Literatur-Nobelpreises im Jahr 1929 erreichte er die Höhe seines Ruhms.

Hier in München begründete er 1905 durch seine Heirat mit der großbürgerlichen Professorentochter Katia Pringsheim eine zutiefst bürgerliche Existenz, in der er bis 1933 den passenden sozialen und lokalen Rahmen für sein künftiges Leben als Schriftsteller zu sehen glaubte. In einem Brief an den Franzosen Félix Bertaux, Vater des Germanisten Pierre Bertaux, vom 1. 3. 1923 vermerkt er hierzu:

»... ich habe in dem bäuerlich-sinnlichen Barock-München, das in gewisser Weise so wenig ›meine‹ Stadt ist, bürgerlich Wurzeln geschlagen, habe hier, ziemlich jung, geheiratet, mir hier, unmittelbar am Ufer der Isar, deren Rauschen mir die Brandung der Ostsee ersetzt, ein Haus gebaut, sehe überraschend viele Kinder, sechs sind es, um mich und werde hier wohl mein Leben beschließen.«[1]

Es war das bürgerlich-kosmopolitische München, in dem er zu Hause war, das München des Geistes und der Kunst. Wenn »München leuchtete«, wie er es zum bleibenden höheren Ruhm dieser Stadt einmal niederschrieb, so erschien ihm dies doch keineswegs als ein Dauerzustand. In seiner Korrespondenz finden sich auch Sätze wie der folgende, der sich mit der Situation während der politischen Wirren des Jahres 1919 befaßt:

»Unser gutes München geht mir – und nicht mir allein – bis daher. Diese Mischung von Stumpfsinn, Leichtsinn und Schwabingerei ist ekelerregend und, wie sich gezeigt hat, imstande, die blutigsten Absurditäten zu zeitigen... Ich trage mich mit Wegzugsgedanken.«[2]

Daraus wurde nichts; so bot München Thomas Mann auch weiterhin den äußeren Rahmen für seine Existenz als Schriftsteller – bis 1933 eben. Hier lebte er, hier schrieb er die Werke, die seinen großen, bald auch internationale Dimensionen gewinnenden Ruhm begründeten, hier fühlte er sich zu Hause, bis die Nationalsozialisten, vor deren Heraufkunft er frühzeitig gewarnt hatte, ihm die Weiterexistenz in dieser Stadt unmöglich machten.

Thomas Mann hat Lübeck, seine Geburtsstadt, einmal als seine eigentliche »Heimat« bezeichnet und von sich selbst gesagt, daß bei ihm das nordisch-protestantische Element überwiege, während er seinem Bruder Heinrich, der zeitweilig auch in München lebte, eine mehr romanisch-katholische Charaktermischung zusprach. Auf jeden Fall war Thomas Mann kein Münchner Schriftsteller, sondern ein *deutscher* Schriftsteller, der in München lebte, doch es spricht sicherlich nicht gegen München, gegen Geist und Lebensformen dieser Stadt, daß es Thomas Mann möglich war, in ihrem Umkreis ein so großes Werk zu schaffen.

In Wirklichkeit mußte er während der Weimarer Zeit nicht mehr an Weggehen denken, bis er 1933 unfreiwillig dazu gezwungen wurde, seinen jahrzehntelangen Wohnort zu verlassen. Die deutsche Geschichte mußte schon eine fatale Wendung nehmen, damit dies für Thomas Mann selbst schwer Begreifliche geschehen konnte.

Hier in München also vollzog sich auch die Entwicklung Thomas Manns von einem unpolitischen, allein seiner Idee von Kunst und Literatur verpflichteten Schriftsteller zu einem *politischen Schriftsteller*, der es für notwendig hielt, in gewissen Abständen sein öffentliches Wort zu den Fragen der Zeit, insbesondere zu den politischen Grundfragen des Zeitalters zu sagen. Von dieser, bei uns noch immer kontrovers diskutierten Seite im Leben und Werk Thomas Manns soll im folgenden die Rede sein.

Im Leben und Werk des Schriftstellers Thomas Mann gibt es zwei große Einschnitte. Der erste, den er als ein bereits erfolgreicher und national angesehener Autor im fünften Lebensjahrzehnt durchlebte, war der Erste Weltkrieg; der zweite seine Vertreibung aus Deutschland und die nachfolgende Emigration keine zwanzig Jahre später. Die literarischen Themen der ersten bis 1914 datierenden Schaffensperiode Thomas Manns, angefangen bei den ›Buddenbrooks‹, diesem genialen Wurf eines Zwanzigjährigen, der die Verfallsgeschichte einer großbürgerlichen Familie so großartig beschrieb, bis hin zum 1912 erschienenen, nicht minder eindrucksvollen ›Tod in Venedig‹, hatten Thomas Manns Neigung und Fähigkeit, die Sphäre des Todes und des Verfalls in all ihren Aspekten und Verästelungen zu erkunden, in unnachahmlicher Weise dokumentiert. Sie hatten ein beherrschendes Zeitgefühl zur Sprache gebracht, den Autor aber auch zuletzt in eine Krise seines Schaffens getrieben. Am Vorabend des Ausbruchs des Ersten Weltkrieges war er von einer starken inneren Unruhe und Unsicherheit erfüllt, über die er in einem Brief des Jahres 1913 an seinen Bruder Heinrich beredte Klage führt:

»Aber das Innere: die immer drohende Erschöpfung, Skrupel, Müdigkeit, Zweifel, eine Wundheit und Schwäche, daß mich jeder Angriff bis auf den Grund erschüttert; dazu die Unfähigkeit, mich geistig und politisch eigentlich zu orientieren, wie Du es gekonnt hast; eine wachsende Sympathie mit dem Tode, mir tief eingeboren: mein ganzes Interesse galt immer dem Verfall, und das ist es wohl eigentlich, was mich hindert, mich für Fortschritt zu interessieren. Aber was ist das für ein Geschwätz. Es ist schlimm, wenn die ganze Misere der Zeit und des Vaterlandes auf einem liegt, ohne daß man die Kräfte hat, sie zu gestalten. Aber das gehört wohl eben zur Misere der Zeit und des Vaterlandes ... Ich bin ausgedient, glaube ich, und hätte wahrscheinlich nie Schriftsteller werden dürfen.«[3]

Es war der als Befreiung und Taumel erlebte Ausbruch des Ersten Weltkrieges, der Thomas Mann mit einem Schlage aus dieser Krisensituation herausriß, auch wenn es lange dauerte, bis er sie wirklich bewältigt hatte. Nicht zu Unrecht hat man in den ›Betrachtungen eines Unpolitischen‹, jenem Riesentraktat von über 600 Seiten zur Verteidigung deutscher Bürgerlichkeit, deutscher Innerlichkeit und des unpolitischen Verständnisses von Kunst und Kultur, ein Schlüsselwerk in der Biographie dieses Schriftstellers gesehen. Joachim Fest, der jüngst den Versuch gemacht hat, den gesamten Thomas Mann aus diesem Werk heraus zu verstehen und zu interpretieren, hat dazu gesagt: »In Wirklichkeit sind die ›Betrachtungen eines Unpolitischen‹ gerade nicht ein Zeugnis der Verirrung, sondern das genaueste, über die Jahre hin treffend gebliebene Selbstporträt, weniger Zeit- als Lebensdokument, und der unentbehrliche Schlüssel zu jedem genaueren Verständnis von Person und Gesamtwerk Thomas Manns.«[4]

Unabhängig davon, ob man in diesem Werk dem wahren, dem eigentlichen Thomas Mann auf die Spur kommt oder doch nicht ganz, es bleibt unbestritten, daß es die Arbeit an diesem Buch war, welche Thomas Mann von einem unpolitischen in einen *auch* politischen Schriftsteller verwandelt hat. Er hat dies in einer Selbstdarstellung des Jahres 1929 so gesehen:

»Ich war vor dem Kriege weder Monarchist noch Republikaner, sondern ich war unpolitisch, wie man es damals sein konnte: solange nämlich die Zeit den untrennbaren Zusammenhang des Geistigen und Politischen noch nicht sichtbar gemacht und jedem aufgedrängt hatte... Es kam der Krieg, der die Revolution in sich enthielt, bevor sie da war, der selbst schon die Revolution war, und mit ihm begann für das Geschlecht, dessen geistiger Aufbau sich in den Jahrzehnten vorher vollzogen hatte, das also bei Kriegsausbruch etwa vierzig Jahre alt war, eine Zeit heftiger Ansprüche an Herz und Hirn, leidensvoller Gedankenarbeit. Diese trug in meinem Fall vor allem den Charakter der Verteidigung, und sie nahm die Gestalt eines Buches an, das den vielsagenden Titel ›Betrachtungen eines Unpolitischen‹ trug.«[5]

Es waren der Erste Weltkrieg und seine Folgen, die dem schriftstellerischen Selbstverständnis Thomas Manns und seinem politischen Denken und Empfinden eine neue Wendung gaben. Das Ergebnis dieser Erschütterung durch den Krieg, die in eine jahrelange Gewissenserforschung, in einen durch die äußeren Verhältnisse in Gang gebrachten mühsamen Prozeß der Selbsterforschung mündete, waren die ›Betrachtungen eines Unpolitischen‹. Sie erschienen erst kurz vor Ende des Weltkrieges im Sommer 1918, nachdem die Arbeit an ihnen 1915, im zweiten Kriegsjahr, aufgenommen worden war. Schon zuvor, gleich bei Kriegsausbruch, hatte Thomas Mann sich mit einem den Krieg verherrlichenden Aufsatz, ›Gedanken im Kriege‹, militant nationalistisch zu Wort gemeldet. Doch es war erst die in dem berühmten Zola-Essay seines Bruders Heinrich von 1915 versteckte, ihn bis aufs Blut reizende Attacke, die ihn von der weiteren Arbeit am ›Felix Krull‹ und am eben begonnenen ›Zauberberg‹ abhielt und in jenen Prozeß quälender Selbsterforschung und zugleich triumphierender Selbstbehauptung trieb, dessen literarisches Ergebnis die ›Betrachtungen eines Unpolitischen‹ waren, ein höchst eigenwilliges politisches Buch zur Verteidigung des Unpolitischen.

Will man, was fast unmöglich erscheint, die ›Betrachtungen eines Unpolitischen‹ auf ihren Kern reduzieren, so sind sie der umständliche Versuch, die Eigenheit und Besonderheit der deutschen Kultur und ihres Beitrages zur Humanität zu verteidigen gegenüber der herandrängenden westlichen Welt der Zivilisation und Demokratie. Als deren geistiger Repräsentant erscheint der Zivilisationsliterat, bei dessen Typisierung er den Bruder Heinrich im Blick hat. Thomas Mann versucht in diesem Werk, den deutschen Kulturbegriff, die Sphäre der deutschen Innerlichkeit, das deutsch-romantische Verständnis von Kunst und Leben zu retten vor der westlichen Idee der Zivilisation und dem ihr innewohnenden Prozeß der Demokratisierung und Politisierung.

Thomas Mann hat seine Arbeit an diesem Buch später als ein »nicht ohne Bravour geführtes Rückzugsgefecht vor dem Neuen« beschrieben; er hat in dieser Arbeit, die ihm eine Galeerenfron dünkte, sogar seinen eigenen Beitrag zum Kriegseinsatz gesehen und sie als »Gedankendienst mit der Waffe« bezeichnet. Doch wie auch immer: Thomas Mann ist durch die Mühen um die ›Betrachtungen‹ in den Jahren des Ersten Weltkrieges von einem unpolitischen zu einem – zumindest zeitweilig – politischen Schriftsteller geworden. Sein großes Kriegsbuch zielte darauf ab, die Idee, die er sich von dem kriegführenden Deutschland, seinem Wesen, seiner Seele, seinem Volk, seinen Menschen gemacht hatte, gegenüber den von den Westmächten und ihren Literaten repräsentierten Ideen der Aufklärung, des Liberalismus und des Demokratismus zu verteidigen. Weil es eine Verteidigungsschrift war, geriet sie an manchen Stellen so exzessiv, daß sie bis heute als wahre Fundgrube für gut formulierte Zitate antidemokratischer Gesinnung genutzt werden kann, etwa: »Ich hasse die Politik und den Glauben an die Politik, weil er dünkelhaft, doktrinär, hartstirnig und unmenschlich macht.«

Auch dem heutigen Leser fällt es, bei allem Wohlwollen, schwer, in Thomas Manns späterem, so umstrittenen Bekenntnis zur demokratischen Republik von Weimar, das 1922 mit seiner Rede ›Von deutscher Republik‹ kam, eine Fortsetzung der Linie der ›Betrachtungen‹, wie er dies einmal formulierte, eine Kontinuität zu erkennen.

Immerhin sind in diesem Buch alle grundsätzlichen Themen berührt und Begriffe gefunden, mit denen Thomas Mann als politischer Schriftsteller auch später arbeiten sollte. Das geistige Werkzeug, die Art der Betrachtung und des Fragens, mit denen er sich den Problemen der gesellschaftlichen und politischen Entwicklung näherte, hatte er bereits in den ›Betrachtungen‹ entwickelt. Insofern sind diese, obwohl sie das Unpolitische mit aller Vehemenz verteidigen und entsprechend scharf alles Politische und Demokratische, das weitgehend in eins gesetzt wird, verurteilen, zur geistigen Grundlage und zum Arsenal für Thomas Manns folgenreiche Emanzipation aus der Sphäre des rein unpolitischen Künstlertums geworden.

Wie es dazu kam, daß der gleiche Schriftsteller, der in seinem Weltkriegsbuch wortreich den deutschen Obrigkeitsstaat und sein unpolitisches Kulturverständnis gegen die westliche Demokratie und die Idee der Zivilisation verteidigt hatte, vier Jahre später, in seiner großen, zum 60. Geburtstag von Gerhart Hauptmann gehaltenen, Rede ›Von deutscher Republik‹ für die neue Demokratie sein Wort einlegte und die deutsche Jugend mit der so schwächlichen deutschen demokratischen Republik von Weimar zu versöhnen suchte, das ist mit letzter Sicherheit nicht zu sagen. Auch die inzwischen erschienenen Tagebücher Thomas Manns aus den Jahren 1918–1921 (allerdings fehlt das dafür wichtige Jahr 1922) entschlüsseln das Rätsel nicht. Sie zeigen einen noch stark dem Geist der unpolitischen ›Betrachtungen‹ verpflichteten Konservativen.

Thomas Mann hat sich nach 1922 des öfteren zu seiner politischen Wende geäußert. Er hat z. B. davon gesprochen, daß es keine Selbsterkenntnis gäbe, die ihr Subjekt unangetastet ließe und ohne Folgen bliebe:

»Niemand bleibt ganz der, der er ist, indem er sich erkennt. Das haben die ›Betrachtungen‹ gelehrt.«[6]

Die Tagebücher geben, wie gesagt, leider nicht viel her für eine Rekonstruktion des Umdenkungsprozesses, der Thomas Mann dazu gebracht hat, sich für die von weiten Kreisen des deutschen Bildungsbürgertums verachtete und geschmähte Weimarer Republik einzusetzen. Thomas Mann hat diese Grundstimmung im deutschen Bürgertum im ›Doktor Faustus‹ in seiner Schilderung eines honorigen Münchner Intellektuellen-Kreises treffend umschrieben:

»Daß es Männer der Bildung, des Unterrichts, der Wissenschaft waren, die diese Kritik übten – und zwar mit Heiterkeit, nicht selten unter selbstgefällig-geistesfrohem Gelächter übten –, verlieh der Sache noch einen besonderen, prickelnd beunruhigenden oder auch leicht perversen Reiz; und wohl überflüssig ist es dabei zu sagen, daß die uns Deutschen durch die Niederlage zuteilgewordene Staatsform, die uns in den Schoß gefallene Freiheit, mit einem Wort: die demokratische Republik auch nicht einen Augenblick als ernstzunehmender Rahmen für das visierte Neue anerkannt, sondern mit einmütiger Selbstverständlichkeit als ephemer und für den Sachverhalt von vornherein bedeutungslos, ja als ein schlechter Spaß über die Achsel geworfen wurde.«[7]

Mag Thomas Mann selbst zwischen dem Geist seiner ›Betrachtungen‹ und seinen späteren Stellungnahmen zum politischen und geistigen Geschehen keinen wirklichen Bruch gesehen haben, vielmehr der Auffassung gewesen sein, daß der »republikanische Zuspruch« von 1922 die Linie der ›Betrachtungen‹ ohne Bruch ins Heutige fortsetze, da doch die Gesinnung, nämlich diejenige »deutscher Menschlichkeit« den Geist der ›Betrachtungen eines Unpolitischen‹ nicht minder durchdringe wie den Geist seiner Rede ›Von deutscher Republik‹, so war doch die offene Parteinahme für die Weimarer Republik ein brisanter politischer Akt, der alle überraschen mußte, die sein Kriegsbuch gelesen, und die in Thomas Mann den literarischen Repräsentanten einer konservativen antidemokratischen Geisteshaltung gesehen hatten. Kurz: Es war für seine Zeitgenossen nicht ganz einfach, seinen politischen Gesinnungswandel so zu verstehen, wie er sich ihn zurechtlegte.

Man mag Thomas Mann darin zustimmen, daß er nie etwas anderes habe tun wollen als die Humanität zu verteidigen, und offensichtlich hat er in den schwierigen Anfangsjahren der Weimarer Republik langsam, aber doch in einem stetigen Fortschreiten den Eindruck gewonnen, daß unter den gegebenen historischen Umständen nur mehr die republikanische Staatsform und die demokratische Regierungsform der Rahmen sein könnten, innerhalb dessen die Idee der Humanität in Deutschland zu entfalten wäre. Doch den reaktionären Gegnern der Republik und der Demokratie, an denen es gerade in München nicht mangelte, war schwer klar zu machen, daß der Autor lediglich seine Gedanken, nicht aber seinen Sinn geändert habe. Was hieß das denn? Gedanken, so meinte Thomas Mann seine Wende erklären zu können, seien immer nur Mittel zum Zweck, »Werkzeug im Dienst eines Sinnes«. Es sei sein Bestreben, diesen Sinn, unverändert gerichtet auf die Idee der Humanität, in einer veränderten Zeit, unter veränderten politischen Bedingungen zu behaupten.

Wie wenig man gerade in den Münchner konservativen Kreisen bereit war, Thomas Mann sein Eintreten für die Republik zu verzeihen, geschweige denn gutzuheißen, offenbarte unter anderem die im Jahre 1928 ausgetragene Kontroverse zwischen führenden Redakteuren der in München erscheinenden konservativen, antidemokratischen Zeitschrift ›Süddeutsche Monatshefte‹ sowie der ›Münchner Neuesten Nachrichten‹ und dem Autor der ›Betrachtungen eines Unpolitischen‹. Der Streit bezog sich auf die dort des längeren ausgebreitete vermeintliche Enthüllung, Thomas Mann habe in der ersten Gesamtausgabe seines Werkes die ›Betrachtungen‹ um ganze 38 Seiten gegenüber der mehr als 600 Seiten langen ersten Fassung gekürzt. Der Artikel, geschrieben von Dr. Arthur Hübscher, hatte von »Metamorphosen« der ›Betrachtungen‹, von »einschneidenden und unstatthaften Veränderungen« gesprochen und suggeriert, es habe eine »demokratische Bearbeitung« des Werkes stattgefunden, was Thomas Mann, der die erfolgten geringen Retouchen und Kürzungen nicht leugnete, mit guten Gründen zurückwies. In der Tat war es so, daß die nationale Presse, darunter auch die ›Münchner Neuesten Nachrichten‹, sein Eintreten für die Republik als einen Verrat brandmarkten und gern die Gelegenheit wahrnahmen, wie Thomas Mann es selbst in einem Brief an Arthur Hübscher ausdrückte, einen »Schriftsteller anzurempeln, der undeutscherweise erklärt hatte, es mit der Vernunft und dem Frieden halten zu wollen«.[8]

Es war schierer politischer Haß, der hier die Feder gegen ihn führte und Thomas Mann schließlich veranlaßte, die Münchner Publizistik darum zu bitten, von ihr in Ruhe gelassen zu werden:

»Ich bekenne mich insofern als Royalist, als mir ›die königlichbayerische Ruh'‹, die einem früher in München zugebilligt wurde, wirklich als ein hochschätzbares und hochkünstlerisches Gut erscheint. Und ich wäre recht dankbar, wenn die Münchner Publizistik sich entschließen könnte, keine Händel mehr mit mir zu suchen, sondern mich ungestört von Quengeleien so müßiger Art meiner harmlosen Arbeit nachgehen zu lassen.«[9]

Überhaupt München: Er lebte gern in dieser Stadt, und er schätzte sie vor allem ob ihrer musischen und künstlerischen Qualitäten. Ihm lag, wie er in einer Rede zu Eröffnung der ›Münchner Gesellschaft 1926‹ unterstrich, das Ansehen und die Geltung dieser Stadt durchaus am Herzen. Aber auch er hatte in den zwanziger Jahren die Empfindung, daß München in Gefahr war, zu einer Provinzstadt zu verkümmern, daß man befürchten mußte, es werde seiner »Atmosphäre der Menschlichkeit, des duldsamen Individualismus... der heiteren Sinnlichkeit... der Stimmung von Lebensfreundlichkeit, Jugend und Volkstümlichkeit« verlustig gehen:

»Wir haben uns des renitenten Pessimismus geschämt, der von München aus der politischen Einsicht Berlins, der politischen Sehnsucht einer ganzen Welt entgegengesetzt wurde; wir haben mit Kummer sein gesundes und heiteres Blut vergiftet gesehen durch antisemitischen Nationalismus und Gott weiß welche finstere Dummheiten. Wir mußten beobachten, daß München sich einer entscheidenden Tatsache bei weitem nicht hinlänglich bewußt zu sein schien, einer Tatsache, in der doch große besondere Hoffnungen und Chancen gerade für München liegen würden, wenn es sie verstände. Es ist die Tatsache, daß Deutschlands Großmachtstellung heute vor allem im Geistigen und auf dem Geistigen ruht, daß alle seine Hoffnungen für die Zukunft sich auf seine geistige Ehre und Leistung stützen. Dieser Tatsache sage ich, aus der München so viel besonderen Vorteil für sich ziehen könnte, die ihm eine Vormachtstellung in Deutschland und in der Welt sichern könnte, schien es in den letzten Jahren wenig eingedenk zu sein, weniger eingedenk entschieden als Berlin...«[10]

Darum war es für Thomas Mann besonders bitter und kränkend, daß es ihm wohlbekannte Vertreter der geistigen und kulturellen Prominenz Münchens waren, die wenige Wochen nach der Machtergreifung der Nationalsozialisten gegen Thomas Manns großen Aufsatz ›Leiden und Größe Richard Wagners‹, den er am 10. Februar 1933 in der Münchner Universität erstmals in einer verkürzten Fassung vorgetragen hatte, einen ›Protest der Wagnerstadt München‹ veröffentlichten, der, im damaligen Urteil Thomas Manns, seine »gesellschaftliche Ächtung und nationale Exkommunikation« bedeutete. Die verhängnisvolle politische Entwicklung, die er in seinen politischen Bemühungen seit den frühen zwanziger Jahren zum Guten, nämlich zur Festigung der so schwachen Weimarer Demokratie, hatte korrigieren wollen, erwies sich als stärker. Tief gekränkt über die völlige Verkennung seines wahren Verhältnisses zu Richard Wagner mußte Thomas Mann sich damals sagen:

»Ich kann nicht wieder unter Menschen leben, die ihres nationalen Rausches so wenig Herr waren, daß sie diese Roheit begingen.«[11]

Doch ich greife schon voraus. Nach seinem Bekenntnis zur deutschen Republik, das ihm einerseits den Weg zur glanzvollen kulturellen Repräsentation der Weimarer Republik bahnte, während es ihm andererseits den Haß und die Verachtung der nationalistischen Rechten und ihrer geistigen Wasserträger eintrug, entwickelte Thomas Mann auf der Basis einiger weniger Grundgedanken seine politische Konzeption, an der er bis zu seinem Lebensende festhielt. Sie läßt sich, wenn auch ungebührlich verkürzend, in folgender Weise darstellen. Ich gehe zunächst aus von Thomas Manns eigenen Formulierungen in dem großen Aufsatz ›Kultur und Politik‹ des Jahres 1939:

»Mein persönliches Bekenntnis zur Demokratie geht aus einer Einsicht hervor, die gewonnen sein wollte und meiner deutsch-bürgerlich-geistigen Herkunft und Erziehung ursprünglich fremd war: der Einsicht, daß das Politische und Soziale ein Teilgebiet des Menschlichen ausmacht, daß es der Totalität des humanen Problems angehört, vom Geiste in sie einzubeziehen ist, und daß diese Totalität eine gefährliche, die Kultur gefährdende Lücke aufweist, wenn es ihr an dem politischen, dem sozialen Element gebricht.«[12]

Das, was er in den ›Betrachtungen‹ noch einmal mit letzter Konsequenz zu verteidigen gesucht hatte, nämlich die Trennung von Politik und Kultur, das erkannte er nun als einen gravierenden Fehler, der ihm die Misere der geistigen und politischen Entwicklung Deutschlands, den sogenannten Deutschen Sonderweg, zu erklären vermochte. Er fand, daß der Verzicht des deutschen Geistes auf das Politische ein Irrtum, eine Selbsttäuschung wäre, denn man entgehe damit nicht der Politik, sondern gerate nur auf die falsche Seite. Er betonte nicht allein, daß »in allem Geistigen das Politische latent« sei, sondern hielt es nunmehr für eine Verpflichtung des Geistes, den Bereich des sozialen Lebens in die geistige Verantwortung hereinzunehmen und den unpolitischen Ästhetizismus, dem das deutsche Kulturbewußtsein früher gehuldigt hatte, zu überwinden. Thomas Mann drückte das, worum es ihm ging, des öfteren mit dem Bilde aus, es käme für Friedrich Hölderlin darauf an, Karl Marx zu lesen, und umgekehrt, d. h. es gehe um die Versöhnung deutsch-romantischer Innerlichkeit mit der Sphäre des Politisch-Sozialen, um die Harmonisierung des aristokratischen Todesgedankens mit dem demokratischen Lebensgedanken.

Thomas Mann ging es in der Situation der zwanziger Jahre freilich nicht bloß um Ausgleich, sei es zwischen Rationalismus und Irrationalismus oder zwischen West und Ost, zwischen Aufklärung und Romantik usw.; angesichts der in seiner Zeit sich immer stärker bemerkbar machenden irrationalen, antiliberalen und antidemokratischen Geistestendenzen hielt er es nun für dringend geboten, die vom Zeitgeist so sehr geschmähten Ideen der Vernunft, der Aufklärung, der Demokratie und Humanität entsprechend stärker zu betonen. So sagte er in einer Rede in Amsterdam:

»... es ist sogar der europäische Augenblick gekommen, wo eine überbewußte Überbetonung der demokratischen Lebensidee vor dem aristokratischen Todesprinzip zur vitalen Notwendigkeit geworden ist. «[13]

Mit dieser Reaktion des Gegenhaltens und Gegensteuerns verlieh er übrigens einer Charaktereigenschaft literarischen Ausdruck, die er in folgendes Bild gefaßt hat: »Ich bin ein Mensch des Gleichgewichts. Ich lehne mich instinktiv nach links, wenn der Kahn rechts zu kentern droht, – und umgekehrt. «[14]

Es ist jedenfalls bemerkenswert, daß dieser Autor, der wie kaum ein anderer dafür geschaffen und bestimmt schien, den erhabenen Zeitgeist zu repräsentieren, weshalb auch manche Schriftsteller-Kollegen ihn etwas abschätzig als »Großschriftsteller« charakterisierten, gegen die jeweils vorherrschenden Zeittendenzen antrat. Thomas Mann war in der Tat alles andere als ein anpasserischer Opportunist: Als er im Ersten Weltkrieg gegen die Zivilisationsliteraten zu Felde zog, da hatte er in der geistigen Elite des wilhelminischen Obrigkeitsstaates zwar gewiß viele Bundesgenossen, vor allem unter den deutschen Professoren, doch die meisten Literaten, allen voran sein damals zu Erfolg und zu Ehren kommender Bruder Heinrich sowie die gesamte literarische Öffentlichkeit des Westens, das humanistische Weltgewissen gewissermaßen, standen gegen ihn. Als er sich während der Weimarer Zeit aus der Sphäre des Unpolitischen endgültig emanzipiert hatte, war er als Verteidiger der neuen deutschen Republik ebenfalls nicht ohne Bundesgenossen gerade unter den Künstlern und besten Literaten, aber der herrschende Zeitgeist dieser Epoche wandte sich in jenen Jahren entschieden in eine andere Richtung; er öffnete sich mit Inbrunst dem Irrationalen, dem Mythos, dem Vitalismus in Gestalt der vulgären Lebensphilosophie, und Thomas Mann schien deshalb gerade nicht auf der Höhe des Zeitgeistes zu sein, als er mit scharfen Worten gegen diese Tendenzen polemisierte. Nach seiner erzwungenen Emigration war die Situation nicht viel anders: Während die Westmächte in den dreißiger Jahren gegenüber Hitler einen Kurs der Beschwichtigung und des Nachgebens betrieben, war er nach Kräften bemüht, die öffentliche Meinung des Westens gegen das Hitler-Regime zu mobilisieren und auf die Unmenschlichkeiten und Gefahren, die mit diesem Regime für die ganze Welt verbunden waren, aufmerksam zu machen.

Am ehesten fand Thomas Mann sich in Übereinstimmung mit den vorherrschenden Tendenzen der öffentlichen Meinung seiner Zeit und seiner Umgebung, als der Zweite Weltkrieg ausbrach, der durch Hitler vom Zaun gebrochen worden war. Nun waren die Verhältnisse eindeutig und klar. Moralische Zweifel, auf welcher Seite das Gute und Rechte zu finden wäre, gab es jetzt nicht mehr. Thomas Manns Radioansprachen ›Deutsche Hörer!‹ über die BBC, die manchen regimekritischen Deutschen zu agitatorisch und haßerfüllt vorkamen, sind ein eindrucksvolles Zeugnis für das gute Gewissen eines Moralisten, der keinerlei Schwierigkeiten und Skrupel mehr hat, das Böse zu erkennen und beim Namen zu nennen, es mit der Beredsamkeit seines Hasses zu brandmarken und zu verfolgen. Doch schon wenige Jahre nach dem Ende des Zweiten Weltkrieges, als in Verbindung mit dem Kalten Krieg eine Welle von zum Teil finsterem Antikommunismus über Amerika und den ganzen Westen hinwegging, sah er sich wiederum in einem Gegensatz zu den vorherrschenden geistig-politischen Tendenzen seiner Zeit.

Die Nachwirkungen seiner von Haß und Verachtung geprägten Parteinahme gegen Hitler-Deutschland und gegen alle, die in irgendeiner Weise »Herrn Urian aufgewartet«, also mitgemacht hatten, seine beharrliche Weigerung, kräftig in das Horn des zeitgenössischen Antikommunismus zu stoßen, belasteten auch die gelegentlichen Besuche Thomas Manns in Deutschland seit 1949. Die westdeutsche Politik verzieh ihm nicht, daß er im Goethe-Jahr auch nach Weimar, in den Herrschaftsbereich Walter Ulbrichts, ging.

Von der Skepsis und dem argwöhnischen Mißtrauen, mit dem zumindest ein Teil der deutschen Nachkriegsöffentlichkeit dem Emigranten Thomas Mann begegnete, macht man sich heute kaum mehr eine zureichende Vorstellung. Keine Rede kann davon sein, daß Thomas Mann in sein Heimatland kam, sprach und siegte, nachdem er ab 1952 wieder in Europa ansässig geworden war. Es bedurfte sogar einiger Jahrzehnte, bis man in Deutschland auch für seine öffentlichen Parteinahmen zu Fragen der Politik und der geistig-politischen Entwicklung ein gewisses Maß an Verständnis, ja Zustimmung aufbrachte. Doch selbst heute sind die Stimmen nicht ganz verstummt, die Thomas Manns Emanzipation aus der Sphäre unpolitischer Bürgerlichkeit und unpolitischen Künstlertums nicht für besonders wichtig geschweige denn ehrenvoll erachten. Ihnen genügt das rein literarische Werk, um seine Größe zu fixieren. Thomas Mann selbst hat die Arbeit an diesem Werk stets als das Wesentliche erachtet und seinen politischen Stellungnahmen, zu denen er seit seiner Emanzipation aus der Sphäre des Unpolitischen immer wieder gedrängt wurde, den Charakter des eher Beiläufigen gegeben, doch sie gehören auch zu seinem Werk. Sie sind Teil seines Lebens. Die Zeiten, in denen er lebte, insbesondere seit dem Ausbruch des Ersten Weltkriegs, waren politische Zeiten wie nie zuvor, und da es Zeiten waren, in denen das Politische sogar zur Frage des Überlebens wurde, konnte auch der Schriftsteller sich nicht von ihnen und ihren prosaischen Anforderungen dispensieren. Darum glaubte Thomas Mann, immer wieder »Rede und Antwort« stehen zu müssen, der »Forderung des Tages«, die sich auch an den Schriftsteller richtet, nicht ausweichen zu dürfen, obwohl ihm, künstlerisch gesehen, dabei keineswegs immer wohl war. Er war sich durchaus bewußt, daß das politische Moralisieren eines Künstlers, seine offene, von keinem Zweifel angekränkelte Propagierung der humanitären Ideale und nicht zuletzt die Notwendigkeit der entschiedenen Parteinahme im politischen Streit Dinge waren, die seiner ironisch gefärbten Vorstellung von Künstlertum eher entgegengesetzt waren. Ernstzunehmende Kritiker haben deshalb auch immer wieder gemeint, der Thomas Mann des demokratischen Optimismus, der Menschheitsgläubigkeit und des gemäßigten Sozialismus sei nicht der eigentliche, der wahre Thomas Mann; seine politische Schriftstellerei sei ein seinem Künstlertum eher widersprechender Tribut an die Zeit, der richtige, der gültige Thomas Mann sei allein in seinem literarischen Werk zu finden, einschließlich der ›Betrachtungen eines Unpolitischen‹.

Dies hätte Thomas Mann vielleicht zugeben mögen, doch waren auch seine Stellungnahmen zu politischen Fragen bis hin zu seiner Parteinahme für die deutsche Sozialdemokratie bei Beginn der Agonie der Weimarer Republik im Jahr 1930, sein wiederholtes Eintreten für die Idee des Sozialismus als notwendige Korrektur der rein bürgerlichen kapitalistischen Demokratie, dessenungeachtet Teile seiner Lebenswirklichkeit. Es ist müßig und abwegig, so finde ich, den literarischen gegen den politischen Thomas Mann zu stellen und den einen gegen den anderen ausspielen zu wollen, wie es hie und da versucht wird.

Thomas Mann, im Ersten Weltkrieg für das Politische sensibilisiert durch die Arbeit grüblerischer Selbsterforschung und Ergründung deutschen Wesens, erfuhr den zweiten Abschnitt seiner Existenz im Bewußtsein, in einer von der Politik und ihren möglichen Katastrophen gekennzeichneten Epoche zu leben. Er wurde durch die Vertreibung in die Emigration selbst das Opfer dieser Politik, und es war eine bedeutende geistige Leistung, unter den ganz anderen Lebensbedingungen der Emigration sein literarisches Werk fortzuführen und es mit dem während des Zweiten Weltkriegs geschriebenen ›Doktor Faustus‹ gewissermaßen auch im Politischen zu vollenden. Man kann sagen, daß der ›Doktor Faustus‹ das literarische *und* politische Vermächtnis Thomas Manns darstellt. In diesem Buch sind beide Aspekte seines Lebens und seiner Arbeit, der künstlerisch-literarische Antrieb und das politisch-soziale Engagement zu einer großartigen Symbiose vereint.

In seiner Ansprache im Goethejahr 1949, mit der sich Thomas Mann erstmals nach seiner Emigration 1933 einer deutschen Öffentlichkeit stellte, kam er selbst darauf zu sprechen, daß er sich, bewirkt durch die tiefe Zäsur von 1933, ein zweites Lebenswerk habe aufbauen müssen. Wie sehr die Erfahrungen des Politischen und die daraus resultierenden Verpflichtungen seine auf das künstlerische Werk gerichteten Anstrengungen immer wieder durchkreuzten und seine Arbeit erschwerten, hat er damals eindrucksvoll geschildert:

»Das geschah unter beständigen wilden Ablenkungen von seiten der Außenwelt, der Zeit und ihres Geschehens, und schwierig war es, gegen das umdrängende Drama am Epischen festzuhalten und weiterzuwirken, die unentbehrliche Heiterkeit des künstlerisch Hervorbringenden zu bewahren trotz dem brennenden Affekt, zu dem ich mir die längste Zeit meines Lebens die Fähigeit kaum zugetraut und den ich ohne das deutsche Unheil gewiß nie kennengelernt hätte: dem Affekt des Hasses. Ja, meine Zuhörer, ich habe die ruchlosen Verderber Deutschlands und Europas gehaßt, mit unbedingtem, mit tödlichem Haß, dessen ich mich nicht zu schämen hatte, auf den ich stolz sein durfte; und eben die Tiefe dieses Hasses mag den Gedanken verzeihlich erscheinen lassen, den ich nicht los wurde, daß, wenn er vom deutschen Bürgertum, vom deutschen Volk wahrhaft und durchgehend geteilt worden wäre, es mit Deutschland nicht hätte zu kommen brauchen, wohin es gekommen ist.«[15]

Thomas Manns diverse Stellungnahmen zum Tagesgeschehen und vor allem seine grundsätzlichen Ausführungen zu den großen Fragen der Politik seiner Zeit sind jedoch keine bloßen Abweichungen vom Pfade reinen Künstlertums, sondern auch zu sehen als Erfüllung eines künstlerischen Auftrages. Thomas Mann hat den Künstler seiner Zeit mit einer politischen Aufgabe und Verantwortung betraut. Da er der Überzeugung war, daß in allem Geistigen das Politische latent sei, war es auch die Verpflichtung des Künstlers, die politische Relevanz des Geistigen mit zu bedenken. Am besten hat er diesen vielfach variierten Grundgedanken vielleicht in einer ›Rede vor Arbeitern in Wien‹ zum Ausdruck gebracht. Dort sagte er:

»Wie heute alles liegt, sage ich, ist es für den geistigen, den Kulturmenschen eine falsche und lebenswidrige Haltung, auf die soziale, die politisch-gesellschaftliche Sphäre hochmütig herabzublicken und sie als zweiten Ranges zu bezeichnen im Verhältnis zur Welt der Innerlichkeit, der Metaphysik, des Religiösen und so weiter. Diese wertvergleichende Gegeneinanderstellung der persönlich innerlichen Welt und der gesellschaftlichen, die Kontrastierung also von Metaphysik und Sozialismus, wobei dieser als unfromm, unheilig und materialistisch, als ein Wille zum Termitenglück herausgestellt wird, ist heute nicht erlaubt. Es ist nicht erlaubt, in einer Welt, so widergöttlich und vernunftverlassen, wie die unsere es ist, dem Willen zum Besseren das Metaphysische, Innerliche, Religiöse als das Überlegene entgegenzustellen. Das Politische und Soziale ist ein Bereich des Humanen. Das humane Interesse, die humane Leidenschaft, das Gebundensein an das Problem des Menschen, die Sympathie mit seinem Los, dem Räsel seines Daseins, dem Geheimnis seiner Stellung im All, seiner Vergangenheit und Zukunft, dieses Interesse und diese Leidenschaft umfaßt beide Bereiche, das des Persönlich-Innerlichen sowohl wie die äußerliche Ordnung menschlichen Zusammenlebens.«[16]

Man hat gelegentlich gegenüber Thomas Manns politischen Schriften kritisch vermerkt, daß seine Begrifflichkeit unscharf, seine

Ideen schwammig und sein Verständnis der Rolle und Funktion der Macht im politischen Leben unzureichend seien. Nun, Thomas Mann war kein Verfasser politikwissenschaftlicher Texte; ihm ging es nicht um die empirische Erforschung des Politischen, noch um die Entwicklung von Kategorien, die in der Lage wären, das politische Geschehen adäquat und wissenschaftlich verläßlich zu erfassen und zu gliedern. Er verwandte die großen politischen Begriffe unserer Epoche wie Freiheit, Sozialismus, Demokratie in einer eigenwilligen, eher literarisch anmutenden Weise. Und doch sehe ich nicht, daß es Thomas Mann bei seinen Überlegungen und Erörterungen zu Problemen der Politik seiner Zeit an Klarheit und begrifflicher Sauberkeit ermangelt hätte, vielmehr finde ich, daß seine besondere Leistung als politischer Schriftsteller gerade darin zu sehen ist, daß es ihm gelingt, die Grundfragen der Politik seiner Zeit unter Einbeziehung der Grunderkenntnisse der abendländischen politischen Theorie in einer Weise zu thematisieren, die gegenüber den üblichen theoretischen und politischen Traktaten der Epoche den Vorzug der größeren Weite, der größeren Eindringlichkeit und Betroffenheit besitzt. Ganz unstreitig haben Thomas Manns politische Texte eine eigene, herausragende literarische Qualität.

Ich beziehe mich, um dies zu zeigen, auf einen größeren Aufsatz zum Thema ›Das Problem der Freiheit‹, aus dem ich freilich nur die wichtigsten Punkte herausgreifen kann. Thomas Mann behandelt dort zunächst die Furcht des abendländischen Kulturmenschen vor dem Untergang der Freiheit und der individuellen Werte im Kollektiv für den Fall, daß das Prinzip sozialistischer Gleichheit sich durchsetzt. Er erörtert dabei unter anderem das seit Tocqueville immer wieder behandelte Problem, ob denn tatsächlich Freiheit und Gleichheit einen unaufhebbaren und unausgleichbaren Gegensatz zueinander bilden, und entwickelt die Auffassung, daß dem nicht so sei. Er meint vielmehr, daß es eine menschliche Synthese, eine Synthese des Maßes und des Rechts von Freiheit und Gleichheit, von Individuum und Gesellschaft, von Person und Kollektivität geben müsse. Die Vernunft sage uns, daß der reine Individualismus, d. h. die absolute Freiheit, ebenso menschenunmöglich und kulturwidrig wären wie das Gegenteil. Er beruft sich darauf, daß die Hoffnung für den Menschen gerade darin liegt, daß es zwischen Anarchie auf der einen Seite und Kollektivismus auf der anderen Seite eine *lebensmögliche Mitte* gäbe. Er sieht die Überwindung des Gegensatzes zwischen Freiheit und Gleichheit in der Idee einer *sozialen Demokratie*, einer Demokratie der Menschenrechte, die darauf bedacht sein müsse, das Prinzip ausgleichender Gerechtigkeit unter den Menschen zur Geltung zu bringen. Thomas Mann interpretiert Freiheit schließlich als die gerechte und vernünftige Betonung des individuellen *und* sozialen Elements im Menschlichen. Er will, in Abwehr eines jeden Kollektivismus und Totalitarismus, das Politische und Soziale auf den notwendigen, den natürlichen Anteil an der Humanität und am Leben beschränken, und dies schaffe erst den Raum der Freiheit. Er erkennt klar, wie dann auch die späteren Totalitarismustheoretiker seiner Zeit, daß Faschismus wie Bolschewismus die Politik absolut setzen, eine totale Diktatur über alles Menschliche errichten und damit den kulturvernichtenden Untergang der Freiheit im Gefolge haben. Er warnt zugleich davor, die von ihm für notwendig gehaltene soziale Demokratie als eine Vorstufe des totalitären Sozialismus auszugeben. Er warnt das Bürgertum davor, sich in seiner Angst vor dem Heraufkommen des Sozialismus dem Faschismus an den Hals zu werfen. Gegenüber den Verführungen des Totalitarismus von links wie von rechts fordert er eine militante, wahrhafte Demokratie, die in ihrer Duldsamkeit nicht so weit geht, auch diejenigen frei gewähren zu lassen, die entschlossen sind, der Humanität den Garaus zu machen. Dies ist nichts anderes als die auch im Grundgesetz beherzigte Losung, daß die Feinde der Freiheit nicht die Freiheit haben sollen, die Demokratie zu zerstören. Was ist daran unpolitisch?

Thomas Mann kommt in dieser großen, in den USA gehaltenen politischen Rede zu dem Schluß:

»Die *soziale Demokratie* ist heute an der Tagesordnung – nur in dieser geistigen Form und Verfassung, als eine zum Sozialen gereifte Freiheit, die gerade durch zeitgemäße Zugeständnisse an die Gleichheit die individuellen Werte rettet, als ökonomische Gerechtigkeit, die alle ihre Kinder fest an sie bindet, kann die Demokratie dem Ansturm eines entmenschenden Gewaltgeistes standhalten und ihre große konservative Aufgabe erfüllen: Wahrerin zu sein des christlichen Fundaments abendländischen Lebens, der Gesittung selbst gegen die Barbarei.«[17]

Jeder CDU- und wohl auch jeder CSU-Politiker müßte dies unterschreiben können. Was ist daran, mit Verlaub gefragt, unpolitisch?

Mit den ›Betrachtungen eines Unpolitischen‹, die eine höchst subjektive, teils entschiedene, teils grüblerisch-nachdenkliche Parteinahme für die demokratie- und politikfeindliche unpolitische bürgerliche Kulturtradition waren, hatte Thomas Mann, ausgelöst durch die Erschütterungen des Kriegsausbruchs, das Reich des Politischen betreten und sollte es niemals mehr völlig verlassen. Er formulierte das politische Grundproblem der Epoche im allgemeinen in Antithesen, in nicht miteinander zu vereinbarenden Gegensätzen und versuchte, schwankend geworden ob der Richtigkeit seiner ursprünglichen Parteinahme gegen Demokratie, Zivilisation und Sozialismus, danach eine Art Synthese zwischen den Polen Kultur und Zivilisation, Radikalismus und Kunst, demokratischer Lebensbejahung und aristokratischer Todessehnsucht, oder wie immer die Gegensatzpaare von ihm benannt wurden, zu konstruieren und zustande zu bringen. Eine »deutsche Mitte« galt es für ihn zu finden. Der große literarische Ausdruck dieses Bemühens, zwischen zwei polarisierten Lebensprinzipien eine solche lebensfähige Mitte zu finden, war der 1924 erschienene ›Zauberberg‹. In diesem großen Roman, in dem die weltanschaulichen Gegensätze der Epoche durch die Gestalten Naphta und Settembrini inkarniert werden, ist es die Zentralfigur Hans Castorp, die, heftig umworben von den beiden Ideologen, sich gleichwohl nicht für eine der beiden Seiten entscheiden will und kann.

Es ist richtig beobachtet worden, daß in der Zeit nach dem Erscheinen des ›Zauberberg‹, d. h. in den späten Jahren der Weimarer Republik, Thomas Mann in seiner politischen Parteinahme für die radikal-liberalen Ideen Settembrinis eine deutliche Bevorzugung erkennen ließ, während Hans Castorp auf dem ›Zauberberg‹ wenig Neigung zeigt, sich festlegen und vereinnahmen zu lassen. Hierin zeigt sich der Unterschied von literarischer und politischer Aussage. Man kann im ›Zauberberg‹ eine ironische Distanz des Autors zu den beiden weltanschaulichen Hauptrichtungen der Epoche herauslesen, und man mag meinetwegen auch in der mangelnden Bereitschaft Hans Castorps, sich für die eine oder andere Partei zu entscheiden, Ausdruck einer unpolitischen Grundhaltung sehen. Daraus jedoch zu folgern, wie dies von einigen Kommentatoren wie Joachim Fest und Marcel Reich-Ranicki getan wird, der eigentliche, der wahre

Thomas Mann sei eben doch im literarischen, nicht aber im politisch-essayistischen Werk zu finden, ist abwegig.

In der Tat muß, wer sich nur an das sogenannte literarische Werk Thomas Manns hält, um über ihn als politischen Schriftsteller etwas ausfindig zu machen, zu einem anderen Ergebnis kommen als derjenige, der sich in Bezug auf den politischen Schriftsteller Thomas Mann vorwiegend an seine kritisch-essayistischen Beiträge hält. In den großen literarischen Werken waltet das Stilmittel der ironischen Distanz vor, da herrscht nicht der Geist entschiedener Parteinahme, wie er gemeinhin mit dem Politischen assoziiert wird; da geht es Thomas Mann in der Tat nicht um die Demonstration einer bestimmten politischen Gesinnung, nicht um politisches Bekennertum, sondern um die außerordentliche Vielfalt, Zweideutigkeit, Offenheit und Gebrochenheit menschlicher Existenz, auch im Politischen.

Doch mit welchem Recht können wir Thomas Manns politische Stellungnahmen, in denen er bewußt Partei ergriff, in denen er sich zu einem entschiedenen politischen Bekenntnis gedrängt sah, als weniger wichtig oder gar als für Thomas Mann eigentlich untypisch abtun? Wie läßt sich die These von Joachim Fest begründen, daß Thomas Mann seit den ›Betrachtungen eines Unpolitischen‹ zeitlebens der Betrachter blieb, »der noch im entschiedensten politischen Bekenntnis offenbarte, wie unpolitisch er war«[18], wie die allzu lapidare These Reich-Ranickis, der schrieb, die politischen Schriften von Thomas Mann »sind bis zum Ende seines Lebens Betrachtungen eines Unpolitischen geblieben«[19]?

Da möchte man in der Tat gern genauer wissen, was diese Kritiker unter Politik verstehen! Mit Reich-Ranickis Hinweis auf ein paar Tagebucheintragungen bei Thomas Mann, aus denen hervorgeht, daß er die eine oder andere Aktion Hitlers im Zeitraum des Kriegsbeginns nicht ganz zutreffend einschätzte, ist es da wohl nicht getan. Haben nicht führende westliche Politiker Hitler Jahre lang falsch eingeschätzt und damit der Entfesselung des Zweiten Weltkriegs durch Hitler Vorschub geleistet, während Thomas Mann in den dreißiger Jahren die Appeasement-Politik der Westmächte gegenüber Hitler-Deutschland mit Recht als verhängnisvoll gebrandmarkt hat und schon früh, als die meisten Politiker und angeblich kompetenten politischen Beobachter Hitlers Friedensbeteuerungen für bare Münze nahmen, überzeugt davon war, daß die Politik dieses Diktators nur in den Krieg führen könnte?

Wie hieß es doch schon in dem berühmten Brief Thomas Manns an den Dekan der Philosophischen Fakultät der Universität Bonn vom Dezember 1936:

»Sinn und Zweck des nationalsozialistischen Staatssystems ist einzig der und kann nur dieser sein: das deutsche Volk unter unerbittlicher Ausschaltung, Niederhaltung, Austilgung jeder störenden Gegenregung für den ›kommenden Krieg‹ in Form zu bringen, ein grenzenlos willfähriges, von keinem kritischen Gedanken angekränkeltes, in blinde und fanatische Unwissenheit gebanntes Kriegsinstrument aus ihm zu machen. Einen anderen Sinn und Zweck, eine andere *Entschuldigung* kann dieses System nicht haben; alle Opfer an Freiheit, Recht, Menschenglück, eingerechnet die heimlichen und offenen Verbrechen, die es ohne Bedenken auf sich genommen hat, rechtfertigen sich allein in der Idee der unbedingten Ertüchtigung zum Kriege.«[20]

Gibt es eine trefflichere zeitgenössische Analyse der Hitlerschen Politik als diese?

Zwar machte sich Thomas Mann damals, 1936, manchmal noch Hoffnungen, daß es Deutschland unmöglich sein würde, diesen Krieg tatsächlich zu führen. Schon damals meinte er, was heute ein Gemeinplatz ist: daß eigentlich ein Krieg nicht mehr erlaubt sei, und fast prophetisch liest sich folgender Satz aus diesem großen Brief:

»Aber wehe dem Volk, das, weil es nicht mehr ein noch aus weiß, am Ende wirklich seinen Ausweg in den Gott und Menschen verhaßten Greuel des Krieges suchte! Dies Volk wäre verloren. Es wird geschlagen werden, daß es sich nie wieder erhebt.«[21]

So kam es ja auch, auch wenn dem deutschen Volk von der Geschichte immerhin noch ein Fortleben in zwei getrennten deutschen Staaten gewährt wurde.

Der Streit, ob Thomas Mann im Grunde und zeitlebens unpolitisch war, ist müßig. Er verkennt das Entscheidende, nämlich daß Thomas Mann durch die Verhältnisse, die historische Entwicklung wider seine ursprüngliche Künstlernatur und gegen seine eigentliche Neigung dazu gedrängt wurde, sich politisch zu engagieren. Auch dazu hat er in dem Brief an den Dekan von Bonn alles Notwendige deutlich genug gesagt:

»Ich habe es mir nicht träumen lassen, es ist mir nicht an der Wiege gesungen worden, daß ich meine höheren Tage als Emigrant, zu

Haus enteignet und verfemt, in tief notwendigem politischem Protest verbringen würde. Seit ich ins geistige Leben eintrat, habe ich mich im glücklichen Einvernehmen mit den seelischen Anlagen meiner Nation, in ihren geistigen Traditionen sicher geborgen gefühlt. Ich bin weit eher zum Repräsentanten geboren als zum Märtyrer, weit eher dazu, ein wenig höhere Heiterkeit in die Welt zu tragen, als den Kampf, den Haß zu nähren. Höchst Falsches mußte geschehen, damit sich mein Leben so falsch, so unnatürlich gestaltete. Ich suchte es aufzuhalten nach meinen schwachen Kräften, dies grauenhaft Falsche, – und eben dadurch bereitete ich mir das Los, das ich nun lernen muß, mit meiner ihm eigentlich fremden Natur zu vereinigen.«[22]

Er habe, so schreibt Thomas Mann in diesem gleichen Brief, zunächst den Vorsatz gehabt, nach seiner Vertreibung aus Deutschland politisches Stillschweigen zu wahren, um den Kontakt mit seinen innerdeutschen Lesern aufrecht erhalten zu können:

Doch meine »Vorsätze... waren undurchführbar. Ich hätte nicht leben, nicht arbeiten können, ich wäre erstickt, ohne dann und wann zwischenein, wie alte Völker sagten, ›mein Herz zu waschen‹, ohne von Zeit zu Zeit meinem unergründlichen Abscheu vor dem, was zu Hause in elenden Worten und elenderen Taten geschah, unverhohlenen Ausdruck zu geben.«[23]

Ich habe also Schwierigkeiten zu begreifen, warum bei einigen Interpreten des Werks von Thomas Mann ein offensichtliches Interesse besteht, den politischen Schriftsteller Thomas Mann, den Thomas Mann der Parteinahme für Republik, Demokratie und Sozialismus als unerheblich, ja als letzten Endes unpolitisch hinzustellen. Gewiß sind Thomas Manns große literarische Werke keine politischen Schriften; sie haben gerade nicht die Funktion zu appellieren oder zu indoktrinieren; sind auch keine Gesellschaftsromane im Sinne von Emile Zola oder Feuchtwanger, aus denen ein besonderes Verständnis für die soziologischen und politischen Prozesse in der Entwicklung der modernen Industriegesellschaft zu gewinnen wäre und wollten es auch nie sein. Sie sind gewiß auch weniger zeitgebunden und situationsverhaftet als die politischen Erklärungen und Essays Thomas Manns, die im Sinne der Parteinahme für bzw. gegen eine bestimmte Entwicklung in eine konkrete Zeitsituation hinein formuliert wurden.

Aber der Autor des ›Zauberberg‹ ist kein authentischerer, wahrerer

Thomas Mann als der Redner des ›Appell an die Vernunft‹ vom September 1930, der das deutsche Bürgertum in beredten Worten vor seiner sich vollziehenden Verstrickung in die politischen Konsequenzen einer obskurantistischen Lebensphilosophie warnt und es, statt den Nationalsozialisten nachzulaufen, dazu bewegen möchte, an die Seite der deutschen Sozialdemokratie zu treten, um die gefährdete demokratische Republik vor dem Ansturm der völkischen Antidemokraten zu retten. Das alles soll unpolitisch oder nicht der eigentliche, der wahre Thomas Mann gewesen sein? Ich begreife das nicht.

Wer Thomas Mann kennenlernen will, der darf nicht vernachlässigen, daß dieser große deutsche Schriftsteller sich aufgrund sehr persönlicher Erfahrungen zu der Einsicht durchrang, daß es Situationen gibt, in denen es dem geistig verantwortlichen Menschen nicht erlaubt ist, zu schweigen oder gar zum Mitläufer zu werden, daß die Verteidigung der Humanität, der letzten Endes alle literarische Arbeit dienen soll, in gewissen Situationen und zu bestimmten Zeiten auch das offene Wort, das Engagement des Schriftstellers verlangt, und zwar dann, wenn er Entwicklungen wahrnimmt, die gegen die Idee der Humanität und ihre Lebensmöglichkeit verstoßen. Auch hierzu hat Thomas Mann in seinem Schreiben an die Universität Bonn alles Notwendige klar gesagt:

»Das Geheimnis der Sprache ist groß; die Verantwortlichkeit für sie und ihre Reinheit ist symbolischer und geistiger Art, sie hat keineswegs nur künstlerischen, sondern allgemein moralischen Sinn, sie ist die Verantwortlichkeit selbst, menschliche Verantwortlichkeit schlechthin, auch die Verantwortung für das eigene Volk, Reinerhaltung seines Bildes vorm Angesichte der Menschheit, und in ihr wird die Einheit des Menschlichen erlebt, die Ganzheit des humanen Problems, die es niemandem erlaubt, heute am wenigsten, das Geistig-Künstlerische vom Politisch-Sozialen zu trennen und sich gegen dieses im Vornehm-Kulturellen zu isolieren.«[24]

Eine weitere Quelle des Mißverständnisses über die Funktion des politischen Schriftstellers Thomas Mann scheint mir in der Annahme zu liegen, er hätte, um nicht unpolitisch zu sein, über Politik so reden und schreiben müssen, wie Politiker und politische Publizisten es zu tun pflegen. Das tat er wirklich nicht. Seine Aussagen über Demokratie, Sozialismus, Kommunismus wären in einem Wörterbuch der Politik mit wissenschaftlichem Anspruch in der Tat völlig deplaziert, und doch ist gerade Thomas Manns Versuch, der politischen Verantwortung des Schriftstellers in seiner Zeit gerecht zu werden, ein, wie mir scheint, wichtiger, ja unentbehrlicher Beitrag zum richtigen Verständnis des Politischen.

Daß Politik mit Machtbeziehungen zu tun hat, wußte auch Thomas Mann, aber dies war nicht sein Thema. Hingegen, daß Politik mit Geist zu tun haben sollte und könnte, daß sie von Fragen der Moral und damit von der Idee der Gerechtigkeit und der Humanität nicht losgelöst betrachtet werden dürfte, das wußte er, und das kann man nicht genug betonen. Thomas Mann ist kein Max Weber, jener illusionslos nüchterne Soziologe der Macht, bei dem nichtsdestotrotz, wie Wilhelm Hennis jüngst hervorgehoben hat, die Frage nach dem Menschentum im Mittelpunkt seiner »Fragestellung« stand, er ist auch kein Carl Schmitt, dessen unseliger »Begriff des Politischen« als der Unterscheidung von Freund und Feind dem Sturmangriff des Nationalsozialismus gegen die schwächliche Weimarer Demokratie als theoretische Rechtfertigung dienen konnte; er ist und bleibt der Humanist Thomas Mann, auch in seinen politischen Schriften, bis hin zu der in der Tat von jeder ironischen Beimischung freien, haßerfüllten Verurteilung des verbrecherischen Naziregimes in den Radioreden an die »Deutschen Hörer«, doch ist es die gleiche Persönlichkeit, die – zur selben Zeit – den ›Doktor Faustus‹ schuf. Ich wiederhole: Man kann oder besser: man soll die beiden Seiten seiner künstlerischen Existenz, die literarische und die politische, nicht gegeneinander ausspielen, zumal da Thomas Mann nach den ›Betrachtungen eines Unpolitischen‹ auch für sich selbst zu der Überzeugung gelangt war, daß zur menschlichen Kultur, zur Humanität der Bereich des Politisch-Sozialen notwendig dazugehöre.

Gewiß kann man, so man will, bei der Beurteilung des Lebenswerkes von Thomas Mann vor allem die Kontinuitäten herausstellen, aber wie Joachim Fest zu behaupten[25], die Erfahrungen und Einsichten seiner achtzig Jahre hätten ihn nicht zum politischen Schriftsteller in irgendeinem begründbaren Sinne gemacht, weil es keine Entwicklung, keine Bekehrung gäbe und die turbulenten Ereignisse der Epoche die tieferen Schichten seines Wesens wie seines Werkes nicht erreicht hätten, dies verkürzt in unstatthafter Weise das große Werk dieses großen Schriftstellers. Thomas Manns Emanzipation aus dem Reiche des Unpolitischen für mißlungen oder für unwesentlich zu halten und ihn allein dort zu schätzen, wo er, um Joachim Fest zu paraphrasieren, ins Unangreifbare entgleitet und der souveränen Treulosigkeit und dem umfassenden Zweifel Raum gibt, ist ebenso abwegig wie der Versuch, ihn zu enthistorisieren.

Doch Thomas Mann, auch wenn sein literarisches Werk als klassischer Beitrag zur deutschen Literatur die Zeiten überdauern mag, war, wie alle Schriftsteller, eine Figur seiner Zeit; er sah durch die Politik sich hineingeworfen in Verhältnisse, die er sich gewiß anders gewünscht hätte und die ihn dazu trieben, die öffentliche Verantwortung des Geistes für die Politik auf seine unnachahmliche Weise wahrzunehmen. Wir sollten es ihm danken.

In Thomas Manns politisch-literarischem Werk fanden Moral und Politik zur Einheit. Das humanitäre Verhältnis zur Politik, zu Fragen der gesellschaftlichen Ordnung ignorierte gewiß nicht die immer gegebene Spannung zwischen Moral und Politik, wußte um die realistischen Daseinsbedingungen des Politischen, aber es begnügte sich nicht mit der Behauptung der naturgegebenen Diskrepanz zwischen den Sphären der Macht und Sittlichkeit. Thomas Mann strebte danach, sie einander anzunähern, seinen Landsleuten und der Welt begreiflich zu machen, daß Politik nicht an sogenannten Machtwerten orientiert werden darf, sondern an menschlichen Werten ausgerichtet sein muß. Sein politischer Auftrag war Dienst am Leben im Sinne seiner Versittlichung, Humanisierung, Vergeistigung. Er warnte vor der Pervertierung des Geistes zum Handlanger der bloßen Macht, vor dem plumpen Mißverständnis, dem die Idee des Politischen in Deutschland so leicht anheimfiel. Die Politik war ihm keine Sphäre, in der man von den Ansprüchen humanitären Geistes glaubte absehen zu dürfen. Alle Politik, das war seine Überzeugung, hat dem Menschen zu dienen, und nur wo sie das tut, ist sie eine gute Politik.

Der Geist, so formulierte er den Auftrag des Schriftstellers in unserer Zeit, müsse ein »Richter und Befeuerer des Lebens« sein. Und gegenüber den Mächten des Irrationalen, des dumpfen Gefühls und der Anbetung der Macht und Gewalt erhob er wieder die Vernunft und umkränzte sie mit Ansehen und Würde. Wider allen Pessimismus, der ihn, den Abkömmling deutsch-romantischer Kulturtradition, den Dichter des Verfalls und des Todes, den Jünger Nietzsches und Schopenhauers, immer wieder befiel und dem er in seinem künstlerischen Werk Ausdruck verschafft hat, behauptete

sich stets von neuem sein demokratischer Lebens- und Zukunfts-
wille: »Der Trieb, das Menschenleben dem Guten, Vernunftgemä-
ßen, Geistgewollten anzunähern, ist ein Auftrag von oben, dem
keine Skepsis die Gültigkeit nimmt, dem kein Realismus entkommt.
Trotz aller Niederlagen, durch sie hindurch, hat er das Leben für
sich. «

Anmerkungen

1 Briefe 1889–1936, hrsg. von Erika Mann, Frankfurt am Main 1961, S. 207.

2 An Philipp Witkop, 12. V. 1919, in: Briefe 1889–1936, a. a. O., S. 161 f.

3 18. XI. 1913, in: Thomas Mann – Heinrich Mann, Briefwechsel 1900–1949, Erweiterte Ausgabe, Frankfurt am Main 1984, S. 127 f.

4 Joachim Fest, Die unwissenden Magier. Über Thomas und Heinrich Mann, Berlin o. J., S. 66.

5 Gruß an das Reichsbanner, in: Das Reichsbanner, Nr. 32, Magdeburg, 10. VIII. 1929; zitiert nach: Das Thomas Mann-Buch. Eine innere Biographie in Selbstzeugnissen, hrsg. von Michael Mann, Frankfurt am Main 1965, Fischer Bücherei Bd. 710, S. 79.

6 Ebenda; zitiert nach: Das Thomas Mann-Buch, a. a. O., S. 96.

7 Gesammelte Werke in dreizehn Bänden, Frankfurt am Main 1974, Bd. VI, S. 485.

8 [Antwort an Arthur Hübscher], u. d. T. Um Thomas Manns ›Betrachtungen‹ in: Süddeutsche Monatshefte, München, Jg. 25, H. 10, Juli 1928; zitiert nach: Gesammelte Werke in dreizehn Bänden, a. a. O., Bd. XIII, S. 606.

9 Eine Erklärung, in: Münchner Neueste Nachrichten, 19. 6. 1928; zitiert nach: Gesammelte Werke in dreizehn Bänden, a. a. O., Bd. XIII, S. 602.

10 Rede zur Eröffnung der ›Münchner Gesellschaft 1926‹, gehalten im Steinicke-Saal, München, am 2. November 1926, in: Der Zwiebelfisch, München, Jg. 20, H. 1, 1926/27; zitiert nach: Gesammelte Werke in dreizehn Bänden, a. a. O., Bd. XIII, S. 596 f.

11 [»Ich kann dem Befehl nicht gehorchen«], datiert: Sanary s/mer, den 4. August 1933, in: Gesammelte Werke in dreizehn Bänden, a. a. O., Bd. XIII; S. 94.

12 U. d. T. Zwang zur Politik, in: Das Neue Tagebuch, Paris, Jg. 7, H. 30, 1939; zitiert nach: Gesammelte Werke in dreizehn Bänden, a. a. O., Bd. XII, S. 853.

13 Tischrede in Amsterdam, gehalten bei einem Festessen des Letterkundige Kring im Mai 1924, u. d. T. Demokratie und Leben in: Vossische Zeitung, Berlin, 23. 5. 1924; zitiert nach: Gesammelte Werke in dreizehn Bänden, a. a. O., Bd. XI, S. 352.

14 An Karl Kerényi, 20. 2. 1934, in: Briefe 1889–1936, a. a. O., S. 352.

15 Ansprache im Goethejahr 1949, gehalten bei der Goethefeier in der Paulskirche zu Frankfurt am Main, 25. Juli 1949, und im Nationaltheater zu Weimar am 1. August 1949. In: Neue Zeitung, München, Frankfurter Neue Presse und Frankfurter Rundschau, 26. 7. 1949; zitiert nach: Gesammelte Werke in dreizehn Bänden, a. a. O., Bd. XI, S. 483 f.

16 [Rede vor Arbeitern in Wien], gehalten am 22. Oktober 1932 im Arbeiter-

heim zu Wien-Ottakring; im Auszug veröffentlicht in: Arbeiter-Zeitung, Wien, 23.10.1932; zitiert nach: Gesammelte Werke in dreizehn Bänden, a. a. O., Bd. XI, S. 895 f.

17 Das Problem der Freiheit. Rede, vorbereitet für den für August 1939 geplanten 17. Internationalen PEN-Kongreß in Stockholm, der nicht mehr stattfand; zitiert nach: Gesammelte Werke in dreizehn Bänden, a. a. O., Bd. XI, S. 971.

18 Joachim Fest, Die unwissenden Magier, a. a. O., S. 52 f.

19 Marcel Reich-Ranicki, Thomas Mann und die Seinen, Stuttgart 1987, S. 178.

20 Geschrieben vom 27. bis zum 30. Dezember 1936; u. d. T. Briefwechsel mit Bonn in: Gesammelte Werke in dreizehn Bänden, a. a. O., Bd. XII, S. 790.

21 Ebenda.

22 Ebenda, S. 787.

23 Ebenda, S. 788.

24 Ebenda.

25 Joachim Fest, Die unwissenden Magier, a. a. O., S. 63.

PETER WAPNEWSKI

Der Magier und der Zauberer
Thomas Mann und Richard Wagner

> »*Ich habe Wagner grenzenlos geliebt:* ›*Tristan*‹ *bezeugt es. Es fällt mir unsäglich schwer, mich loszureißen; aber es muß sein!*«
> (Im Gespräch mit ›Les Nouvelles Littéraires‹ in München am 23. 1. 1926)

I

10. Dezember 1865: Die Stadt München vertreibt den Musiker Richard Wagner. Sie wollte ihn nicht mehr ertragen.

11. Februar 1933: Die Stadt München vertreibt den Dichter Thomas Mann. Sie wollte ihn nicht mehr ertragen.

Die bittere Pointe der Gegenüberstellung dieser beiden Nachrichten: Die Vertreibung des *Dichters* von 1933 geschah im Namen des vertriebenen *Musikers* von 1865. Die »Wagnerstadt München« verstieß den *Wagner*-Interpreten Thomas Mann.

Ein Vorgang von der apartesten, auch der brutalsten Ironie. Ihn angemessen darzustellen bedürfte es des Instrumentariums des großen Ironikers.

Im Einzelnen freilich ergeben sich Abweichungen. Um der Chronistenpflicht zur Pedanterie willen sei nachgetragen: Wagner wurde aus der Stadt gewiesen auf Ordre seines Königs, der sich – unter Schmerzen – dem Willen des empörten Volkes von München und fatalen Kabinettsintrigen fügte.

Thomas Mann hingegen, als er am 11. Februar abreiste von München nach Holland (übrigens an seinem und Katias Hochzeitstag), ahnte nicht, daß er da bereits ein Vertriebener war. Am Tag zuvor, am 10. Februar also, hatte er im Auditorium maximum der Universität auf Einladung der Goethe-Gesellschaft die Festrede zum fünfzigsten Todestag Richard Wagners gehalten. Die Arbeit an ihr hatte er – wiederum spielt Ironie beziehungsreich hinein – abgeschlossen

am *30. Januar 1933.* Das Manuskript ist nicht erhalten, es ist aufge-
gangen in dem um das wohl vierfache umfangreicheren Essay ›Leiden und Größe Richard Wagners‹, der als geschlossene Form die
tiefgründigste literarische Ehrung darstellt, die dem ungebärdigen
Genie je gewidmet wurde.

Thomas Mann wiederholte diesen Vortrag dann in Amsterdam und
(in französischer Sprache) in Brüssel und Paris. Reiste anschließend
weiter in die Schweiz. In Lugano kam ihm das widerwärtige Dokument zu Gesicht, das ihn hindern wird, nach Hause zurückzukehren: Am 16. / 17. April erschien in den ›Münchner Neuesten Nachrichten‹ der ›Protest der Richard-Wagner-Stadt München‹. Ein
dumpfes Pamphlet, auch im Radio wurde es verlesen, – nicht nur
ausschweifende Ignoranz verratend, sondern auch spezifische Un-
kenntnis des inkriminierten Vortrages und endend in dem Sprache
wie Geist auf abenteuerliche Weise mißhandelnden Satz: »Wer sich
selbst als dermaßen unzuverlässig in seinen Werken offenbart,
hat kein Recht auf Kritik wertbeständiger deutscher Geistesrie-
sen.« Folgen 45 Unterschriften. Darunter, und da gibt es nichts zu
vergessen und zu vertuschen, sondern nur hervorzuheben: Der
Musikkritiker Alexander Berrsche; der Bildhauer Bernhard
Bleeker; der Physiker Walther Gerlach; der Zeichner Olaf Gul-
bransson; der Musiker Siegmund v. Hausegger; und die Wagner-
Dirigenten und -Epigonen Hans Knappertsbusch, Hans Pfitzner,
Richard Strauss... Die treibenden Kräfte aber der durchaus lebens-
gefährlichen Denunziation waren Knappertsbusch und (neben ihm)
Pfitzner.

Unter solchen Umständen mochte auch der sich humanitär definie-
rende Rotary-Club nicht zurückstehen. Am 8. April 1933 notiert
Thomas Mann im Tagebuch:

»Ich erhalte vom Rotary-Club München denselben Brief mit der
trockenen Mitteilung der Streichung meines Namens, wie [Bruno]
Frank. Er kam mir unerwartet. Hätte es nicht gedacht. Erschütterung, Amüsement und Staunen über den Seelenzustand dieser
Menschen, die mich, eben noch ›Zierde‹ ihrer Vereinigung[,] aus-
stoßen, ohne ein Wort des Bedauerns, des Dankes, als sei es ganz
selbstverständlich. Wie sieht es aus in diesen Menschen? Wie ist der
Beschluß der Ausstoßung zustande gekommen?«

(Bruno Frank war Ende März wie die anderen Juden aus der Mitglie-
derliste des Clubs getilgt worden. Übrigens gehörte Thomas Mann

zu den Gründungsmitgliedern des Clubs, und einer seiner rotarischen Freunde war Knappertsbusch.[1])

So also stand es um die Ausweisung Thomas Manns aus der Stadt München, die vierzig Jahre fast, seit 1894, seine Heimat gewesen war. Von nichtwissender Prophetie bestimmt der Satz in einem Brief an Walter Opitz vom 20. Januar 1933: »Ich soll einer schon älteren Verabredung zufolge am 13. Februar bei der Wagnerfeier in Amsterdam die Festrede halten und diese dann in Brüssel und Paris auf französisch wiederholen. Sie verstehen, mich auf das Thema Wagner einzulassen war gefährlich von vornherein.«[2] Er spürte nichts von dem Endgültigkeitscharakter der Abreise, als er aufbrach nach Amsterdam. Der Eintragung im Tagebuch vom 30. März 1933 zu Lugano ist in ihrer Ahnungslosigkeit ein durchaus rührendes Moment eigen: »Der Gedanke, daß die Rückkehr nach München für etwa ein Jahr abgeschnitten u. auch garnicht wünschbar ist, muß einverleibt und vertraut werden.«

Beleidigung Richard Wagners »durch ästhetisierenden Snobismus«, – mit solcher Denunziation der großen Rede blamierten sich die Verfasser des ›Protestes‹ (und gaben sich dennoch nicht tötender Lächerlichkeit preis). Aber natürlich ging es gar nicht um Thomas Manns Wagnerbild. Hier war eilfertig ein Anlaß, ein Vorwand gesucht und gefunden worden, um sich der mühseligen Beschwernis durch den großen lästigen Mitbürger zu entledigen. Jenes Mannes, der seit dem Ende des Krieges recht eigentlich zum *praeceptor urbis* (Kolbe) aufgewachsen war, der unermüdet in München, das er 1923 schon als »Stadt Hitlers« charakterisiert hatte, Geist und Wirklichkeit einer demokratischen Republik mit geradezu Wagnerisch anmutendem Drang zur öffentlichen Stellungnahme verkündigt hatte. Die Majorität aber, reaktionär und borniert, konnte und wollte nicht verzeihen, daß Thomas Mann den Weg gegangen war von den (scheinbar) national-konservativen ›Betrachtungen eines Unpolitischen‹ zu der (scheinbar) sozialistischen Rede ›Von deutscher Republik‹, und man empörte sich, daß er »Verrat« begangen habe, als er Stellen der ›Betrachtungen‹ tilgte, etwa betreffend die »bildende, sittigende Kraft des Krieges«, – Passagen, die er im hernach schlicht als irrig und überdies als politisch fragwürdig empfand: weil der »Verfasser in zehn Jahren – nicht etwa ›ein anderer‹ geworden, nicht etwa sich selbst verlassen und verraten, sondern ganz einfach *gelebt* hat«[3].

Es funktionierte fast alles nach Plan. Der Schutzhaftbefehl war ausgestellt, die Beschlagnahme des Vermögens angeordnet, – indes die im Namen Wagners unternommene Reise endete nicht in Dachau, sondern – vorerst – in Lugano.

II

Eine Bemerkung zu meinem Thema und Vorhaben. Es sollte von vornherein nicht strittig sein, daß es meine Aufgabe nicht sein kann, das zum nützlichen Gebrauch längst Gesammelte und Vorliegende in extenso Revue passieren zu lassen. Denn in der Tat ist es nicht schwer, die spezifisch Wagner gewidmeten Partien im Werk Thomas Manns zur Kenntnis zu nehmen. Da ist zum einen der von Erika Mann im Jahre 1963 herausgegebene Sammelband: Thomas Mann, ›Wagner und unsere Zeit. Aufsätze, Betrachtungen, Briefe‹ (als Fischer Taschenbuch dann 1983). Er enthält, eingeleitet von Willi Schuh, »Im wesentlichen [...] alles, was Thomas Mann über Richard Wagner geschrieben hat«, so die Herausgeberin im Nachwort. Folgt die wichtige Einschränkung: »Was freilich von Wagners Musik in T. M.'s erzählerisches Werk einging (›Buddenbrooks‹, ›Tristan‹, ›Wälsungenblut‹), wurde hier nicht aufgenommen. Weder wäre es stilistisch kongruent gewesen, noch hätten derlei Auszüge, zusammenhanglos auf sich selbst gestellt, dem unbefangenen Leser dienlich sein können.« Eine Einschränkung und also ein Verzicht, die auch für meine Ausführungen gelten.
Da ist zum anderen der jüngst erschienene Prachtband Jürgen Kolbes ›Heller Zauber. Thomas Mann in München 1894–1933‹ (1987 bei Siedler in Berlin), der in kompetent ausgewählten Zitaten und Bildern auch den mir heute anvertrauten Themenkreis kenntnisreich und zuständig behandelt. So sehe ich es als meine Aufgabe an, das überlieferte Material exemplarisch vorzuführen und im übrigen nach dem Beitrag des früher Unbekannten zu fragen, also nach dem der Tagebücher (soweit veröffentlicht).

III

»Die Passion für Wagners zaubervolles Werk begleitet mein Leben, seit ich seiner zuerst gewahr wurde und es mir zu erobern, es mit

Erkenntnis zu durchdringen begann. Was ich ihm als Genießender und Lernender verdanke, kann ich nie vergessen, nie die Stunden tiefen, einsamen Glücks inmitten der Theatermenge, Stunden voll Schauern und Wonnen der Nerven und des Intellektes, von Einblikken in rührende und große Bedeutsamkeiten, wie eben nur diese Kunst sie gewährt«, – so Thomas Mann in ›Leiden und Größe Richard Wagners‹ 1933.[4] Viel zitierte Worte, – und Passagen von gleicher Hingabe der Bewunderung, der schrankenlos sich äußernden Bezauberung finden sich mannigfach in Thomas Manns öffentlichen und privaten Bekundungen.

Der gleiche Thomas Mann am 14. September 1911 (da arbeitet er am ›Tod in Venedig‹) in einem Brief an Julius Bab: »Sollte nicht doch vielleicht jeder Deutsche im Grunde seines Herzens *wissen*, daß Goethe ein unvergleichlich verehrungs- und vertrauenswürdigerer Führer und Nationalheld ist, als dieser schnupfende Gnom aus Sachsen mit dem Bombentalent und dem schäbigen Charakter?«[5] Und Passagen von ähnlich schneidender Härte finden sich mannigfach in öffentlichen, vor allem in privaten Bekundungen.

Wir widerstehen der Versuchung, die Frage nach der Beziehung von Genie und Moral, von Kunstleistung und persönlicher Integrität durch die Geschichte (auch die Geschichte des Wandels ethischer Postulate) hindurch zu verfolgen. Was den »schäbigen Charakter« angeht, so hat Wagners dramatisch-theatralisches Temperament ihn ständig zu penetranten Auftritten in der Öffentlichkeit gedrängt: Er mußte sich immer und in alles einmischen, – im Verfolg solcher exponierten Solonummern werden naturgemäß auch die zerklüfteten Seiten der moralischen Innenwelt unbarmherzig ausgeleuchtet. Schichten, die sich letztlich zurückführen lassen auf eine einzige, spezifisch das »Künstlernaturell« bewegende Substanz: Dieser Mann war von der Bedeutung und Größe seines Genies – und also seiner Aufgabe – in derart unbezweifelbarem Maße besessen, daß er keinen Augenblick zögerte, sich die Welt ständig tributpflichtig zu machen. Unter dem Druck solcher Gewißheit nimmt der Charakter Züge an, die – durch gelegentliche oder konsequente Anpassungsgestik klüglich getarnt – uns etwa auch im Verhalten Mozarts oder Goethes oder Brechts nicht fremd sind und die wir verstehen als innerlichkeitsschützende und also produktionsgarantierende Energien. Ob man solchen das »Werk« verabsolutierenden *Egoismo* nun *sacro* nennen oder ihm diese exkulpierende Würde entziehen will, bleibt letztlich der Instanz des persönlichen Urteils anheimgegeben.

Den einen ein Idol, den andern ein Ärgernis: Wagners polarisierende Kraft bleibt ein in der Geschichte der Künste einzigartiges Ereignis. Und es scheint, daß der Größte unter seinen liebenden Jüngern, der Größte unter seinen hassenden Gegnern von solch widerstreitenden Energien in den Abgrund seines Endes begleitet worden ist: *Friedrich Nietzsche*. Dem in Liebe wie in Haß – Thomas Mann findet für diese Haltung die Begriffsvariante »Liebeshaß« – die schärfsten Aussichten auf die Glanzhöhen und klarsten Einsichten in die Abgrundtiefen von Wagners Wesen, von Wagners Kunst zu danken sind. Jener Nietzsche, dessen dramatischer »Abfall« von Wagner eine der trübsten Blasen aus dem Legendensumpf der widrigen Schwester Elisabeth ist: Nietzsche war Zeit seines bewußten Lebens an die dämonische Vaterfigur gefesselt, – ständig zur Überwindung des Wagner in sich qualvoll gefordert. Jener Nietzsche, der – und dieses Beispiel stehe für viele – in einem seiner letzten Briefe, schon aus abgeschiedenen Bereichen und sieben Tage vor dem endgültigen Zusammenbruch, den Empfänger mahnt: »Den *Tristan* umgehn Sie ja nicht: es ist das *capitale* Werk und von einer Fascination, die nicht nur in der Musik, sondern in allen Künsten ohne Gleichen ist.« (27. 12. 1888) Das gilt dem Werk. Was aber den Menschen Wagner angeht, so finden sich ihn – und Cosima! – betreffende Aussagen des späten Nietzsche, die man eher Geständnisse, Bekenntnisse nennen möchte und deren raunende Sehergebärde die Ebene der unreflektierten Adoration oder der verwerfenden Schelte weit unter sich läßt.

Von dem *Wagner in Nietzsche*, von dem *Nietzsche in* (dem Wagnerschen) *Thomas Mann* wird unser Thema ständig grundiert sein.[6]

IV

Thomas Mann und Wagner: Verwenden wir vorerst einige Überlegungen auf einfache und dennoch aufschlußreiche Affinitäten oder Berührungen, Entsprechungen oder Parallelen in den beiden Kunst-Personen, in ihrem Verhalten, ihrem Agieren und Reagieren. Da leben sie, bei aller Fähigkeit zum leidenschaftlichen Ausbruch, kühl bis ans Herz hinan ihrem Werk. Pflegen es in sorgfältiger Pflege ihrer selbst, tun es in solipsistischer Fixierung, narzißtischer Ichbefangenheit. Kleiden sich in Samt und Seide, bei Wagner bis zur kostümballbunten Groteske, bei Thomas Mann immerhin bis zu einem nahezu stutzerhaften Grad von eleganter Selbstpräsentation: Der Coiffeur, die Mani- und Pediküre, die Anzugtoilette füllen, wie das Tagebuch treulich überliefert, ein gut Teil des Alltagswesens aus. Zur öffentlichen Lesung der Frack, und Zeugen berichten nicht ohne die distanzierte Beklommenheit, wie wir sie aus den Bekundungen der Goethe aufwartenden Besucher kennen, von »jener superben Reserviertheit, die seine ganze Erscheinung kennzeichnet«, von dem »schmucken Anzug aus Tussorseide«, vermerken »sein tadelloses Flanellhemd und seine gelben Halbschuhe«. Kolbe, dem ich (S. 373) diese Zitate verdanke, stellt nüchtern fest: »Man(n) neigt offensichtlich zum Overdressing«, – und das ist in der Tat eine erstaunliche Feststellung, bedenkt man die spröde Dezenz der nie vergessenen Herkunft aus dem Lübischen Handels- und Senatorenhaus.

Das Äußere ist keine Äußerlichkeit. Es verweist auf die öffentliche Funktion, die einer seiner Kunst zuweist; damit *sich* als dem Mittler dieser Kunst zuweist. Man weiß, wie dezidiert Thomas Mann sich als den »Repräsentanten« verstand (und das nicht nur im gewollten Gegensatz zu seinem Bruder Heinrich), – *Wagner* begriff sich nicht anders und stilisierte sich nicht anders.

Aber das ist nicht alles, ist vielleicht nicht einmal das Wichtigste. Es geht vielmehr um Reiz und Stigma der Abweichung, des Nicht-Normalen, es geht »um ein Stück harmlos-unheimlicher Künstlerpathologie, von der nur Spießbürger sich verwirren lassen«: Samt und Seide und gepolsterte Atlasschlafröcke sind wie jene faulen Äpfel in Schillers Schreibpult Element der kreativen *Stimulation*: »wir nähern uns hier dem Punkt, wo das Bourgeoise ins unheimlich Künstlerische, Tolle und Anrüchige zurückschlägt, ein Gepräge rührender und ehrwürdig interessanter Krankhaftigkeit annimmt...«[7]: Normalität, Gesundheit als Dummheit, – und die Umkehrung dieser Formel: das große ›Zauberberg‹-Thema.

Sodann: Das jeweilige Haus, das ausgesuchte Meublement, Dienstboten und Haustiere, – auch hier offenbart sich manche Ähnlichkeit. »Es war uns immer etwas festlich zumute, wenn wir sein Arbeitszimmer betreten durften, wo das charakteristische Aroma der

Bibliothek sich mit dem Duft seiner Zigarre vermischte«, so Klaus Mann.[8] Und es wird auf den ersten Blick schwerlich zu entscheiden sein, wer von den beiden großen Künstlerbürgern es ist, der einem Freunde brieflich mitteilt: »Alles ist nach Wunsch und Bedürfnis für die Dauer hergerichtet und eingeräumt; alles steht am Platz, wo es stehen soll. Mein Arbeitszimmer ist *mit der Dir bekannten Pedanterie und eleganten Behaglichkeit* hergerichtet; der Arbeitstisch steht an dem großen Fenster...«: – so Wagner an Liszt nach dem Einzug in das »Asyl auf dem grünen Hügel«[9].

Weiter: Beide neigten – aus Gründen ausweichender Bequemlichkeit wohl eher denn aus Tiefen der Herzensgüte – zu mildgetönten Kompromissen und ließen es nicht fehlen an freigebig spendender Belobigung einer Mediokrität, die sie als solche nicht wahrzunehmen scheinen. Und konnten kalt und abweisend sein, wo Größe ihnen bedrohlich nah trat, heiße sie Brahms, heiße sie Brecht. Ihre Geduld bewährten sie gegenüber dem sich billig als ›unschuldig‹ anbietenden Tier oftmals menschlicher als in Bezug auf den Menschen.

Und der eine wie der andere vermochte, ja liebte es, die von der selbstgewählten oder doch angenommenen Rolle diktierte Maske und Rüstung gelegentlich abzulegen und fidelem Allotria einiges abzugewinnen (Wagner in kobolzender Drastik freilich kauziger, kabarettistischer und ungehemmter als der zurückgenommene Thomas Mann).

Weiter: Beide waren ihr Auditorium, faszinierende Interpreten ihrer selbst, – wiederum in unterschiedlichen Dimensionen: Wagner inszenierte ganze Opern als Ein-Mann-Unternehmung vor der Zeugenschaft der zu sinnberaubter Adoration verurteilten Gäste, – Thomas Manns Vortrag seiner kleinen und großen Epik wurde in ihrer nüancierten Delikatesse niemals von einem professionellen Vortragskünstler übertroffen: Virtuoser Inszenator des Eigenen der eine wie der andere, – eben »versetzte Schauspieler« (in freilich wieder sehr ungleichem Maß).

Wichtiger wohl noch – um fortzufahren in der Verfolgung der Entsprechungsfiguren – das beide in strenger Pflicht haltende protestantisch-bürgerliche Arbeitsethos, der Dienst am Werk, das Rodin'sche »Il faut travailler, toujours travailler« (das tat seine Wirkung auch auf Rilke), das Goethe'sche »Tätig zu sein ist des Menschen erste Bestimmung«. Wagner an Julie Ritter: »... und ein Vormittag ohne Arbeit ist ein Tag in der Hölle«. Arbeit, Kreativität als Definition des Humanum: eine Seite Prosa, acht Takte Noten am Tag, am Vormittag... (Das Mann'sche Geschäftsstunden-Schema allerdings ist Legende, wie zuletzt Baumgart festgestellt hat.[10])

Auch vergleichbar beider Haltung gegenüber der weiteren Öffentlichkeit, der *res publica*. Für Wagner, für den »Weg des deutschen Bürgertums«, hat Thomas Mann sie mit unvergeßlicher Formel geprägt in jenem Münchner Vortrag: »von der Revolution zur Enttäuschung, zum Pessimismus und einer resignierten, machtgeschützten Innerlichkeit«[11]. Für Thomas Mann nahm dieser Weg einen äußerlich anderen, durch andere politische Gegebenheiten gezogenen Verlauf, in beider Attitüde aber wird man Entsprechungen sehen.

Sodann der ständige Kampf mit der Hinfälligkeit des Körpers, mit den Miseren der unzuverlässigen Leiblichkeit. Die heftige Intensität, mit der Thomas Mann Wagners Bresthaftigkeit und Gebrechen als leidenschaftlich geführtes Krankenblatt notiert[12], hat etwas Verräterisches, besser: Aufschlußreiches, da meldet sich wieder Bezüglichkeit. Hypochondrie, – aber sie ist ja nur der psychopathische Exponent des Narzißmus, ist die Hypersensibilität der ständig überreizten, der bis zum Reißen gespannten Nerven des von der Not des Produzierens torturierten Genies. Krankheit als Reizmittel, als Stimulans, Tonio-Krögersche Verachtung des Pausbäckig-Gesunden: so konnte der eine wie der andere zum Instrument und Inbild der Morbidezza werden, der Décadence, des sich im Verdämmern seiner selbst bewußt werdenden Lebens. Wagners Herz ist todkrank, die Ursache der Schmerzen konnte nach dem damaligen Stand der medizinischen Wissenschaft nicht korrekt diagnostiziert werden, so starb er – in qualvollem Krampf –, als er noch nicht siebzig Jahre alt war. Und Thomas Mann wird siebzigjährig aus trügerischem Gesundsein gerissen durch einen Krebsbefall im rechten Lungenlappen und muß sich dem einschneidenden Skalpell anvertrauen.[13]

V

Wer meint, es könne je hinauslaufen auf eine gültige, auf eine definitive Bestimmung des Verhältnisses Thomas Manns zu Richard Wagner, der irrt, und jedes zwängende Bemühen in dieser Sache geht ins Leere. *Definitiv ist nur das Infinite, ist nur die Ambivalenz.*

Als schlechterdings unwiderlegliche Formel für diesen heiklen Verhalt kann eine Stelle gelten aus dem Brief vom 25. August 1951 an Friedrich Schramm, Intendant des Stadttheaters Basel: Da geht es um »Anzüglichkeiten«, Wagner betreffend, die man »nicht mißverstehen« möge: »Sie sind Ausdruck einer enthusiastischen Ambivalenz, von der mein Verhältnis zu Wagner nun einmal bestimmt ist und die man schlecht und recht Leidenschaft nennen könnte. Dieser jung gebliebenen Leidenschaft ist jeder Ausdruck recht: der kritisch-skeptischste und der lobpreisend-gehobenste.«[14]
Ambivalenz also, und dies wiederum mit Leidenschaft, eher noch *Passion*. Das muß ertragen, wer sich mit Thomas Manns Äußerungen zu Wagner und seinem Werk befaßt, da ist kein Urteil, das durch ein anderes nicht aufgehoben würde, – und man muß lernen, dem einen wie dem anderen sein jeweils sonderlich abzugeltendes Recht einzuräumen.

Die zitierte Briefstelle ist eben dieser Relativität des Urteils halber höchst aufschlußreich. Denn was ist geschehen, daß Thomas Mann sich genötigt fühlt, zierlich-gewunden von »Anzüglichkeiten« zu reden? Das Folgende: Dem fernen Freunde Emil Preetorius hatte er, noch aus Kalifornien (Pacific Palisades), am 6. Dezember 1949 einen sich von Wagner wie von dem Adressaten – wenn auch in unterschiedlichem Maße – distanzierenden Brief geschrieben. Da ist die Rede, Wagner angehend, von der »deutschen Mischung aus Barbarismus und Raffinement, mit der ja auch Bismarck Europa unterworfen hat«, und dazu komme noch ein einzigartiger »Erotizismus«. Da ist die Rede von dem »metaphysischen Wonneweben« des zweiten ›Tristan‹-Aktes, – der sei ja nun »mehr etwas für junge Leute, die mit ihrer Sexualität nicht wo ein und aus wissen«, und es fällt endlich das heikle Wort: »gewiß, es ist viel ›Hitler‹ in Wagner«. Das man wohl recht versteht, wenn man das ›Hitlerische‹ als psychologisch-pathologisches Individualphänomen versteht: »Es ist da, in Wagners Bramarbasieren, ewigem Perorieren, Alleinreden-Wollen, über alles Mitreden-Wollen eine namenlose Unbescheidenheit, die Hitler vorbildet…«. In aller Bescheidenheit sei dazu vermerkt, daß es sich bei den hier so nachdrücklich aufgeführten Eigentümlichkeiten ja noch nicht um die schlimmsten Züge in der Person Hitlers handelt. Wovon noch zu reden sein wird. Charakteristisch aber, daß im gleichen an Preetorius gerichteten Brief der erste ›Tristan‹-Akt leidenschaftlich gerühmt wird: »schlägt an

Ausdruckskraft schlechthin *alles*«. Und dann wieder die verschwärmte Huldigung an den ›Lohengrin‹, den Thomas Mann in allem schwankenden Wesen des Urteils doch »am innigsten« geliebt hat. Die Pariser Venusbergmusik indessen nennt er hier »unappetitlich«, das klingt so prüde-zimperlich, als hätte Minna Planer es gesagt, und es hat wohl zu tun mit einer Abwehrhaltung gegen die Lockung spezifisch *weiblicher* Verführungslüste. Nun aber zu der Gestik jenes zitierten Briefes von 1951 an Schramm, in dem ich ein den ›Meistersingern‹ geltendes Urteil bisher übergangen habe. Preetorius hatte Thomas Manns Schreiben publizieren lassen (gedruckt trug es dann, nicht eben originell, die Überschrift ›Wagner und kein Ende‹), es ging darin also auch noch gegen die ›Meistersinger‹, und zwar mit der leichthingeworfenen provokativen Frage: »Können Sie Hans Sachsens Theatersinnigkeit noch recht vertragen, die Gans, Evchen traut, den ›Juden im Dorn‹, Beckmesser?« Folgt dann wieder die schon vertraute Mechanik der Einschränkung des Tadels durch Lobesspendung.

Wie versteht sich nun, zwei Jahre später, die Erinnerung an solche Bewertung in dem Brief an den Basler Intendanten? »Nicht im mindesten hindern mich die Ablehnungen oder Schein-Ablehnungen [!] der Worte an Preetorius, den Vorsprecher abzugeben für Ihre festliche Neuinszenierung der ›Meistersinger von Nürnberg‹...« Und es folgt, man traut seinen Augen nicht, ein Panegyricus der unheimlichsten Art: »denn die ›Meistersinger‹ sind ein herrliches Werk, ein Festspiel, wenn es je eins gab, ein Gedicht, worin Weisheit und Kühnheit, das Würdige und das Revolutionäre, Tradition und Zukunft sich auf eine großartig heitere, Begeisterung für das Leben und für die Kunst tief aufweckende Weise vermählen. In persönlich trüben und drangvollen, ja hoffnungslosen Tagen ist es aus innerem Jubel der Kraft und des Glaubens geboren, und Jubel wird es immer erregen, auch jetzt, selbst jetzt, gerade jetzt – auch bei Ihnen...«[15].

Die Sache scheint hoffnungslos. Ambivalenz als Programm, Antinomie als Gesetz, Legitimation der Widersprüchlichkeit, da wird der Deuter kleinlaut und zieht sich zurück auf die großen und meisterlichen Essays, die das Zentrum – und das in einiger Unverrückbarkeit – der Thomas Mann'schen Bemühungen um Richard Wagner bilden. Vor allem also auf jenen Münchener Text über ›Leiden und Größe‹ von 1933 wie auf die – so von Hans Mayer[16] zu recht charakterisiert – »wunderbare Rede über den ›Ring des Nibelungen‹ von 1937« in Zürich. Nicht zuletzt wunderbar, weil ihr Eingang ein Essay ist über das humane Gut der Kraft des Bewunderns. Eine Rede, die endet in einer herrischen Absage an jenen »Mißbrauch«, wie er in der »politischen Gegenwart« Deutschlands derzeit Brauch sei: »Der Schöpfer des ›Ringes‹ ist mit seiner vergangenheits- und zukunftstrunkenen Kunst aus dem Zeitalter bürgerlicher Bildung nicht herausgetreten, um eine geistmörderische Staatstotalität dafür einzutauschen.«[17]

Zürich 1937: Man wird es nicht als rüde Indezenz, als frevelhaften Verstoß gegen die hilfreiche Konvention guter Sitten ansehen, wenn ich zu diesem Zürcher Vortrag gewissermaßen kontrapunktisch einige Notizen des Tagebuchs heranziehe. Die als Kommentar durch einen *Dritten* freilich unerlaubt und ungehörig wären. Man weiß, das Thomas Mann es vermochte, die private Dimension seiner Person in bedeutsame Beziehung zu setzen zum großen Geschehen außerhalb seiner selbst. So liebt er es, seinen *Geburtstag* nicht nur zärtlich herauszuheben aus dem Gang der Zeit – Hans Mayer weist darauf hin –, sondern er koppelt bei solcher Gelegenheit die eigene Figur mit ihren kleinen Schritten augenblicksweise an das gewaltige Ausschreiten des Weltgeistes. Am 6. Juni 1940 notiert er zu der Meldung von den vordringenden deutschen Truppen in Frankreich und von hohen Verlusten auf seiten der Invasoren: »Höfliche Kriegsnachrichten zum Geburtstag.« Und an eben jenem 6. Juni, nun des Jahres 1944, beginnt das Tagebuch: »Mein 69. Geburtstag«, um dann wenige Zeilen später fortzufahren: Er werde telephonisch darüber informiert, »daß die Invasion Frankreichs bei Caen, Calais, Le Havre begonnen hat«. Folgt der bedächtig-bedenkenswerte Satz: »Eigentümliches Zusammentreffen.«

Man hat solche kurios oder bizarr anmutende Vermengung des Privatesten mit dem Allgemeinen wohl zu verstehen aus Thomas Manns Vorstellung von einem »vollständigen«, in sich gerundeten Leben. So jedenfalls deute ich eine nicht leicht zu entschlüsselnde Passage aus dem Brief an einen Opernspielleiter, München 15. November 1927: Wagner, ein Macht-, Welt- und Erfolgsmensch, »und trotz der Rundheit, Geschlossenheit und Restlosigkeit seines Lebenswerkes denke ich zuweilen, seinesgleichen lebe nicht vollständig. Um vollständig zu leben, hätte er, so meine ich dann, neben dem politischen Weltwerk etwa ein geheimes und ganz wahrhaftiges Tagebuch führen müssen – ich weiß nicht, ob ich mich verständlich mache.«[18] Ich weiß nicht, ob ich verstanden habe, aber hier ist der Ansatz nicht nur zum Begreifen der Thomas-Mannschen Diaristik geliefert, sondern auch die Rechtfertigung, sich ihrer zum Verständnis ›des Ganzen‹ zu bedienen. Womit ich hoffe mir die Lizenz gegeben zu haben, nunmehr den *Zürcher* Auftritt zu akkompagnieren mit der verstohlenen Begleitstimme des Tagebuchs, das überall Zeugnis ablegt von den Leiden und Niederlagen, die als das ›Gemeine‹ die Alltagskehrseite sind der großen feiertäglichen Triumphe.

Da heißt es am 13. XI. 37: »*Beendete* in Gottes Namen den Vortrag ›Richard Wagner u. der Ring des Nibelungen‹.« Am 14. XI.: »Korrektur und Durcharbeitung der Maschinenabschrift des Vortrags.« Dann: »Abendessen mit Beidlers. [Enkel Wagners, Sohn Isoldes.] Nachher Vorlesung von ›R. W. u. der Ring des Nib‹. Großer Eindruck. Scheine das Richtige getroffen zu haben. Einige Kürzungen, Milderungen zur Schonung der Feststimmung.« Der nächste Tag behelligt erneut mit Sorgen in Bezug auf Kürzung, Zusammenfassung, »Milderung« des Manuskripts, und: »Über die Albernheit des Einführungsvortrags eines deutschen Wagner-Professors zum ›Ring des Nibelungen‹.« Endlich der beunruhigende Satz: »Einige Nervosität beim Sprechen mit der Prothese bei stärkerem Artikulieren.« Dann Dienstag der 16., der festliche Tag der Rede. Am späten Nachmittag: »Smoking-Toilette. Nach 7 Uhr Imbiß mit Kaviar und etwas Rotwein.« Anschließend betreten Herr und Frau Thomas Mann und Tochter Medi und Sohn Golo die Universität: »Große Begrüßung im Saal. Angenehmes Podium, gute Verfassung. Große Aufmerksamkeit und Zufriedenheitskundgebung am Schluß.« Nun aber mischt sich knirschend der Sand ruchloser Banalität in das Getriebe des großen Welttheaters, in die Machinationen seines dämonischen Magiers und in die erhabene rhetorische Inszenierung des »Zauberers«; schäbige Wirklichkeit tappst mit plumpen Fingern drein: »Gegen Ende, im Affekt, schlimmer Moment mit der Prothese, vorübergehend. Im Zimmer nachher Danksagungen und Beglückwünschungen.« Im Oberstock des Restaurants zum ›Pfauen‹ versammeln sich anschließend die Honoratioren um den Redner und um »Omelette und Glühwein. Zufriedene Stimmung. Nicht übermäßig ermüdet. Zu Hause erneuter Imbiß, mit Kaviar und Thee in Gesellschaft K.s und der Kinder.«

Luxus umhüllt Leid: auch hier wiederum äußert sich Wagner-Ge-
mäßheit... Übrigens: Beidlers, am folgenden Tage, bestätigen be-
ruhigend, der Vorfall sei »kaum merklich gewesen, der Eindruck
guter Form und Laune hingegen entschieden«... Wagner, steht zu
vermuten, würde das im *Stil* derber erlebt und sperriger geschildert,
– das Ganze indes kaum anders empfunden haben. [19]
Als bescheidene Pointe sei noch angefügt, daß ich einen Tagebuch-
satz ausgelassen habe. Nach dem Betreten der Universität konsta-
tiert der Festredner mit spürbarer Genugtuung: »Die Aula, trotz der
gleichzeitigen Veranstaltungen, ausverkauft.« So weit so gut. Was
aber läßt uns Hans Mayer wissen, die »kühle Aufnahme« Thomas
Manns im »offiziellen Zürich« bedauernd? »Die wunderbare Rede
über den ›Ring des Nibelungen‹ von 1937 findet in einem mäßig
besetzten Auditorium statt.« [20] Thomas Mann liebte es, Nietzsches
Wagner geltende Formel von der »doppelten Optik« zu zitie-
ren...

VI

Der Zürcher Vortrag enthält eine für die Beziehung Thomas Manns
zu Wagner und dann weit über Wagner hinaus bedeutsame Passage.
Man muß sie einer Briefstelle konfrontieren vom September 1911, –
die wiederum nicht isoliert auftritt, sondern wiederholt, was der
Schreiber in mannigfachen Varianten formuliert hat. Die Briefstelle
lautet: »Die Deutschen sollte man vor die Entscheidung stellen:
Goethe oder Wagner. Beides zusammen geht nicht. Aber ich
fürchte, sie würden ›Wagner‹ sagen. Oder doch vielleicht nicht?
Sollte nicht doch vielleicht jeder Deutsche im Grunde seines Herzens *wissen*, daß Goethe ein unvergleichlich verehrungs- und vertrauenswürdigerer Führer und Nationalheld ist...« (und dann folgt
die Sottise mit dem bereits zitierten »schnupfenden Gnom aus Sachsen...«, s. o. S. 82).
Alternativen sind oft anderes nicht als das Produkt von Gedanken-
armut oder Entscheidungsunlust. Im Falle ihrer Nutzung zur Mar-
kierung nationaler Eigentümlichkeiten ist ihnen auch eine gewisse
Einfalt nicht abzusprechen, mit gleichem Recht könnte ein Mann
von dem souveränen Bildungsvolumen Thomas Manns auch sagen:
Bach oder Kleist und *Rubens oder Rembrandt* und *Descartes oder
Berlioz* (das Spiel wäre bis zur Lächerlichkeit zu outrieren). Der

Zürcher Vortrag nun von 1937 revidiert ein Vierteljahrhundert später das naive Postulat, Wagners Genius neigt sich jetzt vor dem Goethes, »es beruhigt und beglückt, dies Erlebnis, zwei gewaltige und kontradiktorische Ausformungen des vielumfassenden Deutschtums, die nordisch-musikalische und die mittelländisch-plastische, die wolkenschwer-moralistische und die erleuchtet-himmelsheitere, die volk- und sagenhaft urtümliche und die europäische, Deutschland als mächtigstes Gemüt und Deutschland als Geist und vollendetste Gesittung, – auf einmal befreundet zusammentreten zu sehen. Denn dies beides sind ja wir, – Goethe und Wagner, beides ist Deutschland. Es sind die höchsten Namen für zwei Seelen in unserer Brust...«: So geht es fort, der Ton klingt reichlich hoch, und das Brio ist gewölbt vom bildungsmächtigen Pathos, – das macht, der Schmerz der Trennung von Herkunft und Heimat ist noch nicht Gewohnheit geworden.

Doch hat es seine ernste, seine existentielle Bewandtnis mit Wagner hier und Goethe dort. Das Bekenntnis zu dem einen wie dem anderen rührt an die Geste der Identifizierung. »Überwindung« ist eines der Schlüsselwörter in Thomas Manns System der ästhetischen – und das heißt auch der ethischen – Erziehung des Menschengeschlechts. Gegen Wagner den »Selbstvollender« stellt er Nietzsche den »Selbstüberwinder«[21]. Und Thomas Mann war abverlangt, den Wagner in sich, den Nietzsche in sich zu überwinden. Er ging an die Arbeit mit Hilfe seiner »klassischen Wendung«, mit Hilfe Goethes.

Die Geste der alludierenden Identifizierung ist reizvoll und aufschlußreich. Nietzsche in den fragmentarischen Notizen und Vorarbeiten zu seiner ›Vierten unzeitgemäßen Betrachtung‹ (1874 und 1875) erfindet sich den psychologischen Begriff der »versetzt« durchbrechenden Begabung: Goethe ist ihm auf solche Weise ein versetzter Maler, und – so formuliert er wiederholt und insistent – Wagner ist ihm ein »versetzter Schauspieler«. Der belesene Nietzsche-Kenner Thomas Mann fängt die Formel auf und spielt brieflich auf sie an[22]: »Die Musik habe ich immer leidenschaftlich geliebt und betrachte sie gewissermaßen als das Paradigma aller Kunst. Ich habe mein Talent immer als eine Art versetztes Musikertum betrachtet und empfinde die Kunstform des Romans als eine Art von Symphonie, als ein Ideengewebe und eine musikalische Konstruktion.«

Jahre zuvor schon notiert lapidar das Tagebuch: »Musik ist Ordnung. «[23]

Mit solcher Analogie, anspielend auch auf den strukturbildenden »Beziehungszauber« der Leitmotivtechnik, tastet er sich also behutsam vor in den von Nietzsche abgesteckten Raum Wagner; und wieder eine Identifizierungsandeutung riskiert er in heiter-snobistischer Ironie mit provokativer Dandy-Attitüde, wenn er (›Im Spiegel‹, 1907) behauptet: »Glanz umgibt mich. Nichts gleicht meinem Glücke. « Da horcht der Kenner des ›Rheingold‹ auf, er weiß, daß Loge dem Gotte zuruft: »Was gleicht, Wotan, deinem Glücke...?« Ein Zuruf von schrecklichem Zynismus, aber das verschlägt hier nicht, in Wotan erkennt sich ein Teil Wagner, in Wotan erkennt sich ein Teil Thomas Mann.

In jenem Thomas Mann, der sich nun wiederum eines spätern Tages, eines Morgens, in *Goethe* erkennt: Das Tagebuch vom 6. Juni 1940, Princeton, notiert:

»Mein 65. Geburtstag. Sehr warmer aber klarer und frischer Sommertag. Leichte Bettdecke zum ersten Mal. Erwachte wie G. im VII. Kap. und stand ½ 8 Uhr auf. «

Das muß man dechiffrieren, und dann ist es ein starkes Stück. »G. « ist – natürlich – Goethe. Erwacht Thomas Mann wie der *historische* Goethe? Gewiß nicht, – er erwacht wie *sein* Goethe. Goethe ist ihm sein Geschöpf, mithin ein Stück seiner Identität. Denn das »VII. Kapitel« meint das siebente der ›Lotte in Weimar‹. Obwohl, das muß wiederum einschränkend gesagt sein, Gleichsetzung sich hier lediglich auf eine physiologische Intimität bezieht, auf das unwillkürliche Gebaren eines Details (vom authentischen Goethe gelegentlich als »Meister Iste« bezeichnet). Goethe im morgendlichen Selbstgespräch: »Wie, in gewaltigem Zustande? In hohen Prachten? Brav, Alter! So sollst du, muntrer Greis, dich nicht betrüben...«.

Thomas Mann als Wagner? Thomas Mann als Nietzsche? Thomas Mann als Goethe? Und Thomas Mann als Thomas Mann? Wie geht das zu?

VII

Die ›Betrachtungen eines Unpolitischen‹ (1918) sagen, vielmehr *verkünden* es mit starken Lettern: »Künstlerisch, literarisch beginnt meine Liebe zum Deutschen genau dort, wo es europäisch möglich und gültig, europäischer Wirkungen fähig, jedem Europäer zugänglich wird. Die drei Namen, die ich zu nennen habe, wenn ich mich nach den Fundamenten meiner geistig-künstlerischen Bildung frage, diese Namen für ein Dreigestirn ewig verbundener Geister, das mächtig leuchtend am deutschen Himmel hervortritt, – sie bezeichnen nicht intim deutsche, sondern europäische Ereignisse: Schopenhauer, Nietzsche und Wagner.«

Da fehlt Goethe, – merkwürdig genug, da in diesem Zusammenhang die großen Deutschen sich in ihrer Größe doch auch bestätigen als *Kritiker* der Deutschen, des Deutschen, – und da ist Goethe, gerade der Thomas-Mann-Goethe, nicht fern.

Das Dreigestirn herrscht nicht in unangefochten-zeitloser Ordnung. Es relativiert im Gegenteil sich wechselseitig. Die grenzenlose Hingabe an die Musik Wagners, wie sie den Niedergang des Geschlechtes der Buddenbrooks punktiert, wie sie Hanno Buddenbrook charakterisiert, kann als Lust und Droge, als Wonne und Laster, als ermattende und auflösende Ausschweifung nicht bestehen vor Nietzsches Kritik. Vor der Kritik am Décadent, an der Morbidität des Kalkulierten, der Fragilität des Artifiziellen, des Blendwerks der bloßen Effektsuche, der Täuschungslust des Artistischen: alles dies versammelt im Namen Wagner.

Nietzsches Ausfall gegen Wagner muß nunmehr der nachbuddenbrook'sche Thomas Mann als fundamentale Infragestellung der eigenen Position empfinden, – so hat es vor allem Hermann Kurzke überzeugend herausgearbeitet (in seinem höchst hilfreichen ›Arbeitsbuch‹ von 1985). Im ›Tod in Venedig‹ erlebt, vielmehr erstirbt Gustav von Aschenbach diesen Konflikt zwischen »Geist« und »Kunst«, den man auch reduzieren mag auf des frühen Nietzsche geläufige Antithese des Apollinischen und des Dionysischen: der ›Klassizist‹, aufgelöst, ausgelöscht von den tellurischen Kräften des Dionysischen.[24] »Eine neue Klassizität, dünkt mich, muß kommen«, so Thomas Mann in der »Auseinandersetzung mit Richard Wagner« von 1911[25], – Ausdruck seines an Obsession grenzenden Willens zur Überwindung der »Romantik«. In Nietzsche sieht er diesen Überwindungswillen lebenslang tätig. Wagner-Kritik als Romantik-Kritik. Der Affekt gegen die Romantik bleibt eine merkwürdige Konstante im Leben dieses der Romantik tief verpflichteten Romanciers. Am 27. XI. 1936 notiert das Tagebuch, nachdem das Radio »die Venusberg-Musik unter Walter« gebracht: »Die Romantik ist eine unsaubere Welt. Ich will nicht mehr viel davon wissen.«

Stadien solcher Art in Thomas Manns Entwicklung nachzuzeichnen ist nicht eigentlich das Thema einer Untersuchung seiner lebenslangen Wagner-Bindung, um deren Konstanz in Spruch und Widerspruch, in Satz und Gegensatz es hier geht. Es bleibt allemal ein ungelöster und unlösbarer Rest, und ich resümiere mit Hilfe von Kurzkes (den Thomas Mann der Vorkriegszeit meinendem und vorläufigem) Resümee: »Die Rückhaltlosigkeit, mit der Thomas Mann seine Ästhetik auf Wagner baut, ist erstaunlich, wenn man bedenkt, daß er gleichzeitig Nietzsches Wagner-Kritik akzeptiert« (S. 113). Und (S. 116): »Wagner als Vorbild des modernen Künstlers, gesehen in der Optik Nietzsches, dessen Kritik um ihre Wirkungen gebracht durch das Palliativ Schopenhauer: dies scheint nach den bisherigen Analysen die Grundkonstellation.«

Versucht man, die endlich heillose Beziehung *Nietzsches* zu Wagner auf eine (eher fragende als lösende) Formel zu bringen, so könnte sie heißen: Nietzsche war aufgegeben, den Wagner in sich zu überwinden. Das ist, was Thomas Mann Nietzsches »Selbstüberwindung« nennt.

Und nun mag man ergänzen: Thomas Mann war aufgegeben, mit Hilfe Nietzsches den Wagner in sich zu überwinden. Und weiter: mit Hilfe Goethes dann sowohl den einen wie den andern. Das tröstliche Ergebnis dieser Auseinandersetzungen ist die Erkenntnis, daß es, damit Thomas Mann zu sich selbst kam, weder der Erledigung des einen noch des andern noch des dritten bedurfte.

VIII

Thomas Mann und Wagner, eine lebens*lange*, eine lebens*gefährliche*, eine lebens*bedingende* Beziehung. Sie konnte hier nur in Fragmenten verfolgt werden. Schuldig geblieben ist unsere Untersuchung die Interpretation der Wagner-Bezüglichkeit im dichterischen Werk (zur Begründung s. o. S. 81). Nur andeuten kann sie zum Ende noch jene antithetische Identifizierung, wie sie sich aus der Chance der Rivalität ergibt: Jürgen Kolbe weist darauf hin, wie konstitutiv für den einen wie den anderen der Begriff des »Mythos« ist, und wie das Eintauchen in ihn nicht einen historisierenden sondern einen zukunftgebärenden Akt darstellt. ›Joseph und seine Brüder‹ deutet Entsprechung an als Rivalität, die eine Tetralogie fordert die andere heraus.[26] In solchem Sinne aufschlußreich-verdächtig die Tagebuch-Eintragung vom 29. XI. 44: Die Rheintöchter haben gesungen, Siegfrieds Rheinfahrt wurde gespielt, – nun aber: »Ich fragte: ›Sollte das vom Germanischen Hergeleitete doch am Ende schöner sein, als das Babylonisch-Ebräische?‹« – Auch verweist die stetig sich wiederholende Bewunderung für das oratorische Alterswerk, den ›Parsifal‹, auf eine denkbare erotische Hinwendung Thomas Manns zu der männerbündischen Gemeinde um den Gral und seinen fahlen Glanz.

Bleibt noch die Pflicht, die Linie der Wagner-Beziehung zu verfolgen durch die uns erst seit kurzem zugänglichen Tagebücher, – insbesondere die der späteren Jahre. Vorerst ein Rückgriff:

»Wagner ist, als künstlerische Potenz genommen, etwas nahezu Beispielloses, wahrscheinlich das größte Talent aller Kunstgeschichte. Wo ist zum zweitenmal eine solche Vereinigung von Größe und Raffinement, von Sinnigkeit und sublimer Verderbtheit, von Popularität und Teufelsartistik? Er bleibt das Paradigma welterobernden Künstlertums, und Europa erlag seinem Können, genau wie es der Staatskunst Bismarcks erlag. Sie wußten nicht viel voneinander, aber zusammen bilden sie den Höhepunkt einer romantischen Hegemonie des deutschen Geistes.«

So hat er es 1927 formuliert, und dann 1931 wiederholt.[27] Die Terminologie (einmal ganz abgesehen von dem fatalen »romantischen«) läßt aufhorchen, hier ist in dem »Welterobernden«, in dem »Erliegen«, in der Anspielung auf Bismarck und seine Staatskunst das politische Moment, ja das Militärische in Wagners Weltkunst bedenklich alludiert. Ab 1940 wird Wagner dann vornehmlich zu einem Politicum. Während die Münchner Rede von 1933 noch betont hatte, es sei »durch und durch unerlaubt, Wagners nationalistischen Gesten und Anreden den heutigen Sinn zu unterlegen – denjenigen, den sie heute hätten«, und hervorhob, er »war sein Leben lang mehr Sozialist und Kulturutopist im Sinne einer klassenlosen, vom Luxus und vom Fluche des Goldes befreiten, auf Liebe gegründeten Gesellschaft, wie er sie sich als das ideale Publikum seiner Kunst erträumte, denn *Patriot* im Sinne des Machtstaates«[28], – während auch die Zürcher Rede von 1937 Wagners »große(r) Erscheinung« in Schutz nahm gegen den »Mißbrauch« durch die braunen Schwarzalben, drängt sich nun – etwa in der Nachbarschaft mit ›Bruder Hitler‹, also ab 1939 – bei der Wagner-Schau Mißbehagen am politischen Widergeist, die verdachtgesättigte Ablehnung vor.[29] »To the editor of Common Sense« äußert Thomas Mann im Januar 1940 das schwerfallende Wort: »I find an element of Nazism not only in Wagner's questionable literature; I find it also in his ›music‹, in his work…«[30]

Die Tagebücher versagen sich solchem Verdikt. Geduldige Sichtung (unter dankbarer Benutzung der Register) macht deutlich: Es erübrigt sich durchaus, die Hunderte und Aberhunderte von Erwähnungen Wagners in den bisher edierten fünf Bänden zu registrieren und zu analysieren. Wagner hat auch den Diaristen sein ganzes Leben begleitet, so nimmt es nicht wunder, daß Thomas Mann immer wieder bezeugt: Schallplatten oder das Radio gehört zu haben, ins Konzert, in die Oper gegangen zu sein, – unter dem Zeichen Wagners. Und karg ganz im Sinne der Rechenschafts- und Registrierungsfunktion dieser Notate sind die Kommentare: »Hörte mit Bewunderung«; »ergriffen«; »Rührung«; »Fragmente der Götterdämmerung, kolossalisch«. Im Mittelpunkt stehen beharrlich der ungebrochen geliebte ›Lohengrin‹ (und in ihm immer wieder Elsas Traum, jenes »magische ›In lichter Waffen Scheine‹«, – so z. B. am 28. IX. 44), der ›Ring‹, der ›Tristan‹ und der ›Parsifal‹. Mehr geben für unseren Fall die (bisher veröffentlichten) Tagebuchvermerke nicht her.

Deutlicher hingegen (und in der Linie des ›Letter‹ von 1940) zeichnet sich Distanzierung vom oszillierenden Idol ab in einigen Überlegungen zur ›Entstehung des Doktor Faustus‹ aus dem Jahre 1949. Wagners Enkel Franz Beidler hatte anläßlich der ersten Versuche, die Bayreuther Festspiele nach dem Kriege neu zu etablieren, Thomas Mann die Ehrenpräsidentschaft über das gedachte Komitee angetragen. Das erinnert den Dichter nun »an meine lebenslange, in frühen Tagen durch Nietzsches faszinierte Kritik nur noch befeuerte und vertiefte Verbundenheit mit der Wagnerwelt, an die ungeheuren und in hohem Grade bestimmenden Wirkungen, die der zweideutige Zauber dieser Kunst auf meine Jugend geübt. Schauerlich bloßgestellt durch die Rolle, die sie im nationalsozialistischen Staat gespielt, sollte sie nun in ihrer Reinheit (aber war sie je rein gewesen?) wiederhergestellt werden...« – Er lehnt ab.[31]

1951, zwei Jahre also nach dieser Passage der ›Entstehung‹ und dem morosen Brief an Emil Preetorius (mit dem »gewiß, es ist viel ›Hitler‹ in Wagner«, s. o. S. 87) äußert sich Thomas Mann episch-umschweifig zu der sensationellen Publikation der Wagner-Briefe aus der Sammlung Burrell. Und wieder bäumt sich alles auf in ihm gegen den schäbigen Charakter des irisierende Genies, er zitiert Gottfried Kellers sinnlose Charakterisierung »Friseur und Charlatan«, stellt fest: »wir haben diesen Wagner wieder vor Augen, und da ist zuviel Abstoßendes, zuviel ›Hitler‹, wirklich zuviel latentes und alsbald auch manifestes Nazitum, als daß rechtes Vertrauen, Verehrung mit gutem Gewissen, eine Liebe möglich erschiene, die sich ihrer nicht zu schämen braucht«. Dann aber, bezeichnend für jene konstitutive Ambivalenz, der Einsatz des nächsten Satzes: »Und doch!...«[32]

Anderthalb Jahre später dann der (o. S. 87 u. f. zitierte) Brief an den Basler Intendanten vom 25. August 1951 mit dem ungetrübten Jubel über die ›Meistersinger‹... Die zeitlich letzte mir bisher bekannte Äußerung von Gewicht zu Richard Wagner.[33]

Wagners Werk als Kunststaat und Staatskunst: das ist ein anderes Thema und ein weites Feld. Das man allzu kurzschreitend abmessen würde, wollte man hier Wegbereiter-Ideologie verbreiten. »Hitler in Wagner« zu sehen, aus ihm zu hören ist ebenso emotional-spekulative Konstruktion wie andererseits die Vermutung, daß Wagner, hätte er sie erlebt, die braunen Blut-Banausen würde verachtet und gehaßt haben, – es spricht vieles dafür. Die allemal aus seinen berückend-entzückenden Liebesekstasen, seiner mutterleiblichen Nachtmystik, seiner trunkenen Todesverfallenheit, seiner düster flammenden Weltuntergangsvision und seiner erhabenen Erlösungsideologie anderes müssen herausgehört haben als diese Klänge rausch- und sinnenhaft meinen (vielmehr *sind*). Wenn die einzelnen versprengten Äußerungen Thomas Manns »das Hitlerische« anklagen in diesem Werk, mehr noch in der Psyche seines ihm charakterlich so widrigen Schöpfers, dann ahnt er eine verdächtige, bedrohliche, eine abgefeimte und verführende Affinität, denn perhorresziert er, was er in Wagner als Kontrast zu Goethes spröder Entsagungsethik empfindet: »die Avantagen des Barbarismus, die der durchaus voluptuöse Richard Wagner mit so ungeheuerer Wirkung sich gönnte – und mit der gesetzmäßigen Straf-Folge, daß sein ethnisch-schwelgerisches Werk täglich einer roheren Popularität verfällt«[34].

Zu Thomas Manns »Faschismustheorie« verweise ich im übrigen auf die konzentrierten Ausführungen von Kurzke (S. 225):

Ihre eigentliche Keimzelle »ist die Künstlerproblematik aus *Geist und Kunst*, mithin Nietzsches *Fall Wagner*. Auch der Faschismus wird letzten Endes auf immer wieder die gleichen Begriffskonstellationen zurückgeführt. Der Hitler-Aufsatz von 1939 [gemeint ist ›Bruder Hitler‹] läßt die ästhetische Herkunft der Faschismustheorie am deutlichsten erkennen, wenn er in Hitler, wenn auch auf der Stufe der Verhunzung, eine interessante Erscheinungsform des Künstlertums wiedererkennt, die Savonarola und Gustav von Aschenbach präfiguriert habe. Hitler ist wie Savonarola der, der die neue Irrationalität (Unbefangenheit, Naivität) diktatorisch verordnet und so in ihrem Wesen zerstört. Er ist wie Gustav von Aschenbach gegen Psychologie und Analyse und vom Wunsch nach nichtdekadenter Entschlossenheit und neuer Einfachheit der Seele beherrscht, nur läßt sich dieses nicht einfach verordnen; er muß deshalb scheitern wie Aschenbach. Hitler ist ein Décadent mit der Sehnsucht nach Vitalität. Er ist aber wie Nietzsches Wagner ein Scharlatan, der das Volk betrügt, ein kalter Faiseur, der als Massenpsychologe bewußt die Effekte plant, die das Volk zum Glauben verleiten, der selbst keinen Glauben hat, aber mit dem Glauben als Mittel zum Zweck arbeitet.«

IX

Thomas Mann *und* Richard Wagner. Der bezauberte Zauberer *und* der entzauberte Magier. »Das süße Wörtlein: *und*«, – es verbindet – Kopula die es ist, Galeotto – Siegfried *und* Brünnhild, Tristan *und* Isolde. Es verbindet – *und* trennt Thomas Mann *und* Richard Wagner.

Und doch: verbindet mehr als daß es trennt. »Leidend und groß, wie das Jahrhundert, dessen vollkommener Ausdruck sie ist, das neunzehnte, steht die geistige Gestalt Richard Wagners mir vor Augen«. Dies der berühmte Einsatz der Münchner Rede von 1933.

Wenige Tage nach der Zürcher Rede des Jahres 1937 besucht Thomas Mann eine Aufführung der ›Walküre‹. Sein Tagebuch notiert am 21. XI. 1937: »Zu Tränen bewegt von Wotan und Brünnhild. Riesenhafte Schlußszene. Das ganze in diese Zeit nicht mehr passend. Durch und durch 19tes Jahrhundert. [...] Als Dimension und Zumutung unzeitgemäß. Aber ich bin darin zu Hause.«

Aber ich bin darin zu Hause.[35] Thomas Mann, aus dem 19. Jahrhundert kommend, lebte zwei Drittel seines Lebens im 20. Jahrhundert. Und doch können wir die Namen austauschen:

Leidend und groß, wie das Jahrhundert, dessen vollkommener Ausdruck sie ist, steht die geistige Gestalt Thomas Manns uns vor Augen...[36]

Anmerkungen

1 Jürgen Kolbe, Heller Zauber. Thomas Mann in München 1894–1933, Berlin 1987, S. 404.
2 Wagner und unsere Zeit. Aufsätze – Betrachtungen – Briefe, hrsg. von Erika Mann, mit einem Geleitwort von Willi Schuh, Frankfurt am Main 1963, S. 62.
3 Thomas Mann, zitiert nach Jürgen Kolbe, Heller Zauber, a. a. O., S. 395.
4 Wagner und unsere Zeit, a. a. O., S. 72.
5 Ebenda, S. 30.
6 Zu der fundamental-widersprüchlichen Beziehung Thomas Manns zu Nietzsche verweise ich zunächst auf Hermann Kurzke, Thomas Mann. Epoche – Werk – Wirkung, München 1985 (Beck'sche Elementarbücher), und auf das entsprechende Kapitel bei Peter Pütz, Friedrich Nietzsche, Frankfurt am Main 1967 (Sammlung Metzler 62), S. 84–86.
7 Leiden und Größe Richard Wagners, in: Wagner und unsere Zeit, a. a. O., S. 108.
8 Zitiert nach Jürgen Kolbe, Heller Zauber, a. a. O., S. 373.
9 Leiden und Größe Richard Wagners, in: Wagner und unsere Zeit, a. a. O., S. 106f.
10 Reinhard Baumgart, Thomas Manns Tagebücher. Ein Roman ohne Autor, in: R. Baumgart, Glücksgeist und Jammerseele. Über Leben und Schreiben, Vernunft und Literatur, München 1986, S. 44.
11 Leiden und Größe Richard Wagners, in: Wagner und unsere Zeit, a. a. O., S. 114.
12 Ebenda, S. 85–87.
13 Zu allerletzt mag in der Reihe der Entsprechungen noch der hypothetische Hinweis auf beider Affinität zum Film erlaubt sein. Wieland Wagner – und nicht nur er – hat gelegentlich vermutet, sein Großvater würde sich in unserem Jahrhundert der Mittel des Kinos und der Breitwände Hollywoods bedient haben. Da mag die Information nicht belanglos sein, daß Thomas Mann 1923 im Verein mit dem Bruder Viktor daran ging, die traurige Geschichte von Tristan und Isolde in das Genre des Films umzusetzen: »Denn ich sehe im Film eine durchaus populäre Macht und Einrichtung von großen pädagogischen Möglichkeiten.« Dazu s. P. Wapnewski, Richard Wagner. Die Szene und ihr Meister, München ²1983, S. 44. Eine weitere Wesensverwandtschaft verzeichnet Marcel Reich-Ranicki (Thomas Mann und die Seinen, Stuttgart 1987, S. 35): das Bedürfnis nach Applaus und bewundernder Zustimmung: »Thomas Manns Romane, Erzählungen und Essays sind immer auch Bravourstücke. Und dies ist vielleicht das Element, das ihn mit jenem deutschen Genie verband, das er gewiß nicht am meisten verehrte, das ihn aber am stärksten irritierte – mit Richard Wagner.«
14 Wagner und unsere Zeit, S. 181.

15 Wagner und unsere Zeit, S. 167–169; S. 181 f.

16 Jürgen Kolbe, Heller Zauber, S. 6.

17 Wagner und unsere Zeit, S. 150. – Thomas Mann in einem Brief vom 10. 2. 1946 an Gerhard Albersheim (Briefe 1937–1947, eingel. und hrsg. von Erika Mann, Frankfurt am Main 1962, S. 481): »Über Wagner habe ich sogar zweimal geschrieben. Der Zürcher Vortrag über den ›Ring‹, bei dem ich durchaus zum Positiven angehalten war, ist mir vielleicht sogar lieber als der allzu ›psychologistische‹ erste.«

18 Wagner und unsere Zeit, S. 52 f.

19 s. a. Baumgart, Thomas Manns Tagebücher, a. a. O., S. 50, S. 52.

20 Jürgen Kolbe, Heller Zauber, S. 6.

21 Brief an Hans Pfitzner vom 23. VI. 1925, in: Wagner und unsere Zeit, S. 49.

22 Brief an B. Fucik vom 15. IV. 1932, in: Briefe 1889–1936, eingel. und hrsg. von Erika Mann, Frankfurt am Main 1962, S. 315.

23 Reinhard Baumgart, Thomas Manns Tagebücher, S. 49.

24 s. Hermann Kurzke, Thomas Mann, S. 119, S. 125.

25 Wagner und unsere Zeit, S. 28.

26 s. Jürgen Kolbe, Heller Zauber, S. 19. So auch Marcel Reich-Ranicki, Thomas Mann und die Seinen, S. 74: Wenn Thomas Mann »vom Zug und Willen ›zum großen Format, zum Standardwerk, zum Monumentalen‹ spricht und feststellt, daß diese Bestrebungen merkwürdigerweise verbunden seien ›mit einer Verliebtheit in das ganz Kleine und Minuziöse, das seelische Detail‹, wenn er mit der Formel ›Psychologie und Mythos‹ operiert – so bezieht sich das alles auf das Wagnersche Musikdrama und charakterisiert gleichzeitig die ›Joseph‹-Tetralogie«.

27 s. Wagner und unsere Zeit, S. 52 und S. 60.

28 Ebenda, S. 113 f.

29 Die nicht nur in der literarisch-publizistischen Nachbarschaft zur Arbeit am ›Bruder Hitler‹ zu sehen ist, sondern vielleicht auch im Zusammenhang mit einer *räumlichen* und sich in häufigem und folgenreichem Umgang bestätigenden Nachbarschaft: Ich verdanke Reinhard Baumgart (mündlich) den vermutenden Hinweis, daß jener Autor, dem unter den ablehnenden Wagner-Kritikern der höchste Rang zukommt, auf diese zunehmende Distanzhaltung Thomas Manns nicht ohne Einfluß geblieben ist: Theodor Wiesengrund *Adorno* (sein ›Versuch über Wagner‹ entstand 1937/38 in London und New York, Teildruck 1939, dann vollständig zuerst 1952).

30 Wagner und unsere Zeit, S. 158.

31 Ebenda, S. 166.

32 Ebenda, S. 175.

33 Auch die Briefregesten geben bis 1950 keine neuen Auskünfte über diesen Komplex: ›Die Briefe Thomas Manns, Regesten und Register‹, hrsg. von Hans Bürgin und Hans-Otto Mayer, Bd. III (1944–1950), Frankfurt am Main 1982.

34 So 1925 an Josef Ponten, in: Wagner und unsere Zeit, S. 49. S. dazu auch Jürgen Kolbe, Heller Zauber, S. 20 f.

35 s. a. Reinhard Baumgart, Glücksgeist und Jammerseele, S. 55: Die Tagebü-

cher »zeigen vor allem eine Figur des 19. Jahrhunderts tief verirrt im 20. Jahrhundert«.

36 Als Coda folge hier schließlich der Text der Tagebucheintragung vom 1. IX. 1933: »Gespräch [mit Beidlers] über den zu schreibenden Roman der Sphäre Wagner-Liszt-Cosima-Nietzsche, ein höchst interessantes Thema, der komplizierteste, weitschichtigste europäisch-deutsche Gegenstand. Die Antipathie zwischen Liszt und seinem Schwiegersohn (sehr ausgesprochen). Die europäische Geistigkeit Liszts gegen das deutsche Wachstum Wagners aus dem Kleinbürgerlichen. Die Liszttochter, geistig mondän und nicht-deutsch (um nicht zu sagen ›undeutsch‹) von Geburt, trägt einerseits katholisch-weihrauchhaftes in die Wagner-Sphäre hinein, inspiriert oder schreibt selbst aber auch die antisemitischen und deutschnationalistischen Artikel des späten Wagner in den Bayreuther Blättern. Dazu der aus Pfarrhaus, Humanismus, Professorentum durch Krankheit ins Europäisch-Deutschfeindliche genial ausgeartete Nietzsche. – Ich las im Anschluß an das Gespräch meinen Wagner-Aufsatz wieder.«

Korr. Note: Nicht mehr nutzen konnte ich Joachim Kaisers Essay ›Thomas Mann, die Musik und Wagner‹, in: Beziehungszauber. Musik in der modernen Dichtung. Hg. von Carl Dahlhaus und Norbert Miller, München 1988, S. 19–28.

HANS WYSLING

Neues zum ›Zauberberg‹

Neues zum ›Zauberberg‹? Nun, wir verdanken die neuen Erkenntnisse und Einsichten neuen Fragestellungen der Germanisten, und wir verdanken sie nicht zuletzt Thomas Mann selbst. Jahrzehntelang war der ›Zauberberg‹ das am schlechtesten erschlossene Werk Thomas Manns. Es gab kein Notizenkonvolut. Die Münchner Privatbibliothek hat sich nicht erschließen lassen. Das aber wäre bei einem »intellektualen Roman«[1], der das geschichtliche Wissen einer ganzen Epoche, ja einer ganzen Kultur zu verarbeiten versucht, äußerst hilfreich. 1975 durften dann die von Thomas Mann hinterlassenen Tagebücher geöffnet werden. Darunter befanden sich überraschenderweise auch die von 1918–1921. Und seit da wissen wir über Thomas Manns Gedanken bei der Wiederaufnahme des Romans wesentlich besser Bescheid. Wie legt er sich 1919 den politisch-geistigen Rahmen des 1913, also vor dem Krieg, begonnenen Romans zurecht? Inwiefern vermögen während der Niederschrift private Erlebnisse dieses Werk umzuprägen? Inwieweit haben sich Thomas Manns künstlerische Einsichten geändert? Ich will diese drei Fragen noch etwas genauer stellen:
1. Ein Roman, der in einem Zeitraum von elf Jahren entsteht, dessen Autor einen Krieg, eine Revolution, eine neue Staatsform erlebt, wird der ursprünglichen Konzeption kaum treu bleiben können. Falls Literatur historisch ist, und wir haben keinen Grund, diesem Axiom zu widersprechen, werden die Veränderungen, die ein Autor mit- und durchmacht, in sein Werk eingehen. Was diese Zeitgenossenschaft angeht, ist in Erinnerung zu rufen, daß sich Thomas Mann zweimal in der Arbeit am Roman unterbrochen hat, um sich mit der geschichtlichen Situation auseinanderzusetzen. Die ›Betrachtungen eines Unpolitischen‹ zuerst, dann, 1922, die Rede ›Von deutscher Republik‹ sind die Eckpfeiler eines politischen Prozesses, der im Roman seinen Niederschlag gefunden haben muß und auch gefunden hat.
2. Dieser Autor hat in der genannten Zeit sodann ganz private Erlebnisse, die er zu verarbeiten versucht. Direkt autobiographische

104

Äußerungen hat Thomas Mann ja gemieden. Die indirekten sind um so radikaler. Sie unterstehen dem protestantischen Wahrhaftigkeitsethos, der christlichen Sühnebereitschaft wie alle konfiterischen Werke insbesondere der deutschen Literatur. Von hier aus gesehen, ist der ›Zauberberg‹ nicht zuletzt eine Analyse der eigenen Sexualität und ihrer Wandlungen von der Kindheit bis zum schwankenden Status des Manns von fünfzig Jahren. In das Verhältnis Hans Castorps zu Madame Chauchat hat Thomas Mann alles hineingearbeitet, was er an erotischen Erfahrungen hinter sich gebracht hatte, aber auch, was zu bestehen er im Begriffe war.

3. Thomas Mann hat sich zwischen 1913 und 1922 einen neuen Begriff von Dichtung erarbeitet. Der ›Zauberberg‹ ist ja ursprünglich als humoristisches Seitenstück zum ›Tod in Venedig‹ gedacht gewesen, als Tristan-und-Isolde-Modulation noch einmal. In den Jahren nach dem Krieg versucht Thomas Mann, sich ein neues Verhältnis zur Dichtung *und* zum Leben zu erwerben. ›Herr und Hund‹ und vor allem der ›Gesang vom Kindchen‹ zeigen ihn in den Fußstapfen Goethes. Das tut ohne jede Verhüllung dann auch der Vortrag über ›Goethe und Tolstoi‹ (1921). Mit Hilfe von Goethe und Tolstoi sucht Thomas Mann den Einfluß des romantischen Dreigestirns Schopenhauer, Wagner, Nietzsche zurückzudrängen. Er will eine Gegenkraft zu seiner »Sympathie mit dem Tode«[2] finden. Seine Frage heißt immer deutlicher: Wie soll man *leben*? Goethe und Tolstoi haben das Dreigestirn zwar nie vollkommen verdrängt. Aber spätestens von 1921 an gibt es jene Spannung in Thomas Manns Werk, die wir als dialektische Kraft und Nervigkeit nicht missen möchten: die Spannung zwischen Todessympathie und Lebenswillen, zwischen Vergangenheitsschwere und Zukunftsglauben, Pessimismus und Fortschrittszuversicht, Nihilismus und pädagogischem Impetus.

Und genau diese Um- und Gegengewichtungen lassen sich aus dem Roman ablesen, nicht einfach als Folge äußerer Umstände, sondern als Prozeß des Denkens und Fühlens. Ich versuche das an den zwei wichtigsten gegenläufigen Motivsträngen des Romans herauszuarbeiten: an der Tendenz zum Abgrund, dargestellt im ersten Teil des Romans in der zunehmenden Erschlaffung des Helden – er erliegt, dem zur Vernunft mahnenden Herrn Settembrini zum Trotz, der Faszination von Eros/Thanatos, verkörpert durch Madame Chauchat; dann an Castorps drei Versuchen, sich von seinem Hang zum

Abgrund zu lösen und zu einem *modus vivendi* zu kommen, der diesen Namen verdient – die drei Namen oder Ereignisse, die damit verbunden sind, heißen Naphta, Schnee-Traum, Peeperkorn.
Sehen wir nun zu, was es an diesen fünf Komplexen auf Grund der neuesten Forschungslage und über sie hinaus zu beachten gilt.

1

Wer ist Settembrini? Er ist bisher die am wenigsten umstrittene Figur des Romans gewesen. Man glaubte ihm eine gewisse Geschlossenheit und Eindeutigkeit zusprechen zu dürfen: als einem Mann der Vernunft, der Form, der Lebens- und Leibesverehrung in der Linie Antike-Renaissance-Aufklärung usw. Bei näherem Zusehen vertritt Settembrini eine ganze Reihe von zum Teil divergierenden Ansichten, die Thomas Mann zwischen 1909 und 1924 selbst bewegt haben. Das aber heißt: Kaum eine Figur des Romans ist im gleichen Maße historisch-lebendig wie gerade dieser Settembrini. Er ist am Schluß des Buches nicht mehr der gleiche wie am Anfang. Ich weise nur auf sieben Positionen hin – sie alle sind im Roman angelegt, lassen sich aber auch im Roman-Umfeld, in essayistischen Ablegern, Briefen usw., festmachen:
1. Wenn Settembrini von der versittlichenden Macht der Literatur spricht und aus dem schönen Wort die schöne Tat ableitet, vertritt er Thesen, die Thomas Mann im Anschluß an die italienischen Literatoren schon in ›Geist und Kunst‹ (1909) selbst vertreten hat (III, 224, 724).
2. Settembrini nähert sich Heinrich Mann und andern Aktivisten an, wenn er das Zusammengehen von ›Geist und Tat‹ fordert, wenn er, gestützt auf seinen rebellischen Großvater, den Geist zur Revolution drängt und dabei in der Pose des Zivilisationsliteraten beschwörend die Rechte emporwirft (vgl. XII, 219 und III, 225).
3. Innerhalb des Schopenhauerschen Weltmodells wirkt Settembrini als komische Figur. Er kommt gegen die überwältigende Wirkung der romantischen Liebes- und Todeslockung nicht an, so oft er auch in sein Vernunfthörnchen bläst. Thomas Mann hat denn auch in einem Brief vom 20. 4. 1925 an Oskar A. H. Schmitz betont, Settembrini sei von Anfang an als »komischer Gegensatz zur Todesfaszination« gedacht gewesen[3].

4. Bei der Wiederaufnahme der Arbeit am ›Zauberberg‹, 1919, begründet Thomas Mann im Tagebuch seine Schwierigkeiten mit Settembrinis Gestalt damit, daß dieser in der Frühfassung einerseits nicht ernst genommen werde, andererseits aber doch »das sittlich einzig Positive und dem Todeslaster Entgegenstehende sei«[4].

5. Im zweiten Teil des Romans hat Settembrini seine Rolle als Gegenfigur zu Madame Chauchat ausgespielt und wird ins Dorf versetzt. Von da an ist er der Gegenspieler von Naphta und vertritt mit seiner Studie über die »Soziologie der Leiden« das lebensfreundliche Prinzip. Seine anthropologischen und staatspolitischen Ansichten erhalten ihre Bestimmtheit und Schärfe vor allem als Antithesen zu Naphtas Positionen. Er wird erst jetzt zum deklarierten Demokraten.

6. Seit der Rede ›Von deutscher Republik‹ (1922) dann wird Settembrini innerhalb des Romans wieder vermehrt zum Sprachrohr seines Autors, der versucht, seinem Nihilismus einigen Zukunftsglauben entgegenzustellen.

7. Gegen Schluß des Romans wird Settembrini auch noch in den Rahmen des Essays über ›Goethe und Tolstoi‹ und damit in die Gefolgschaft des Arztes Wilhelm Meister gestellt, den seine medizinischen Forschungen »zur Pädagogik, Soziologie und Politik« (XI, 846) hinführen und der das Leben und die Gesundheit für vornehmer hält als Krankheit und Tod.

Kurz, in Settembrinis Wertungen und Umwertungen zeichnen sich alle Wandlungen ab, die Thomas Mann während der Niederschrift des Romans selbst durchgemacht hat. Von einer Geschlossenheit dieser Figur kann nur dann die Rede sein, wenn man einen sehr weiten Rahmen wählt.

2

Wer nun ist Madame Chauchat? Was bedeutet sie? Sie wird in der Literatur als *femme fatale*, als verderbliche Versuchung nicht nur Castorps bezeichnet. Als solche steht sie mit Puccinis Mimi, Verdis Traviata und andern schwindsüchtigen Frauen der Literatur in Verbindung. Der Liebestod, den Castorp in der Walpurgisnacht zu erleben wünscht – »laisse-moi périr, mes lèvres aux tiennes« (III, 477) –, erinnert über Isolde zurück an Eichendorffs ›Marmorbild‹ und Schlegels ›Lucinde‹. Des weitern wird die Chauchat mit Lilith, dem Urweib des Alten Testaments, verglichen, das schon Goethes Blocksbergnacht durchtanzt hat, und mit Proserpina, die einst vom Granatapfelsaft gekostet hat und seit da dem Hades verfallen bleibt (III, 493). Sie ist also eine Venus-Inkarnation und damit eine der Venus-Variationen, wie sie zwischen *décadence* und Jugendstil tausendfältig besungen wurden, von Dehmel, von Hofmannsthal, von Schnitzler und wem sonst noch. Der literarischen und mythologischen Anspielungen sind so viele, daß man früher oder später vermutet, es werde hier ein riesiges Tarnsystem aufgebaut, um das eigentlich Gemeinte zu verschleiern.

Was verschleiert wird, sind die autobiographischen Zusammenhänge. Clawdia klingt an Katia an. Tatsächlich ist Clawdia wie Thomas Manns Frau fremdländischen Geblüts, beide haben schwarze Augen, hohe Wangenknochen. Pribislav Hippe dann aber klingt an Williram Timpe an[5]. Aus den Tagebüchern wissen wir, daß Thomas Mann zum Sohn des Oberlehrers Dr. Timpe, bei dem er 1892 eine Zeitlang in Pension wohnte, eine Zuneigung gefaßt hatte – Name und Deckname stimmen auch hier nach Klang und Silbenzahl überein – so wie sie auch im Falle von Martens / Hansen und Ehrenberg / Schwerdtfeger übereinstimmen[6]. Was der Roman zunächst preisgibt, ist also, daß sich Thomas Mann durch Katia an Williram Timpe erinnert gefühlt hat, sowie nun Castorp beim Anblick der Chauchat an Hippe denkt[7].

Die Liebesgeschichte, die sich zwischen Castorp und Clawdia abspielt, ist eine der seltsamsten der Weltliteratur. Sie nimmt zwar bis zur Walpurgisnacht einen durchaus typischen Verlauf. Die Vereinigung der beiden muß ja als humoristische Parallele zum Liebestod von Tristan und Isolde gesehen werden. Die einst von Thomas Mann geplante Novelle hätte damit ihren Abschluß gefunden. Der Roman aber geht weiter. Clawdia verreist nach der Liebesnacht, wohl zu ihrem Mann hinter dem Kaukasus, dem geschädigten Dritten. Dann aber kehrt sie mit Peeperkorn, dem großmächtigen Lebensanbeter zurück, und von da an hat Castorp seine Liebhaberrolle ausgespielt. Das Eigenartige ist nur, daß ihm das gar nicht soviel auszumachen scheint. An Peeperkorns Totenbett sitzen Clawdia und Castorp einträchtiglich nebeneinander. Dann verreist sie endgültig.

Eine Liebesgeschichte, die das Gattungsmuster erfüllt, endet entweder mit der Liebesnacht oder dem Selbstmord des Helden. Die Lie-

besgeschichte indessen, die im zweiten Teil des ›Zauberbergs‹ dargestellt wird, nimmt einen Verlauf, der für die Gattung des Liebes-
romans durchaus atypisch ist. Woher die Abweichung? Der Verdacht
liegt nahe, daß Thomas Mann auch hier autobiographische Vorgänge
erkundet und analysiert[8]. Vom Roman aus gesehen, kann man nur
eine Vermutung äußern: Castorp überträgt seine Libido von Clawdia
auf – Peeperkorn. Das hieße also: Wie am Romananfang eine Verschiebung der Libido von Hippe auf Clawdia gezeigt wird, so wäre im
zweiten Teil eine Verschiebung von Clawdia auf Peeperkorn, von
einer Frau also auf einen Mann, zu vermuten. Autobiographisch
entspräche Castorps Hinwendung zu Peeperkorn jener Thomas
Manns zu Goethe/Jupiter, der Ausrichtung des Ichideals auf ein
Vorbild, wie es in ›Goethe und Tolstoi‹ geschieht. Mit solchen Vermu-
tungen müssen wir uns hier begnügen[9].

3

Wir bewegen uns damit bereits in der zweiten Arbeitsperiode, in der
Thomas Mann anhand von Castorps drei großen Erlebnissen drei
eigene Versuche einer Neuorientierung beschreibt und prüft.
Dem ersten Gedankenexperiment hat Thomas Mann den Namen
Naphta gegeben. (Naphta löst damit den »etwas anrüchigen Mysti-
ker, Reaktionär und Advokaten der Antivernunft« Bunge ab, der in
der Frühstufe des Romans Gegenspieler von Settembrini war[10].) Aus
den Tagebüchern und der dort verzeichneten Literatur wissen wir
jetzt, daß Naphta keineswegs nur ein abstraktes Konstrukt aus jüdischen, kommunistischen und jesuitischen Elementen ist, das nach
Thomas Manns rencontre mit Lukács 1922 obendrein noch dessen
scharfzügiges Gesicht erhalten hat[11]. Naphta erinnert an den 1884
geborenen Naturwissenschaftler und Philosophen Max Steiner, den
Verfasser verschiedener »Anti-Aufklärungsschriften«. Steiner war
Jude und konvertierte wenige Wochen vor seinem Freitod, 1910, zum
Katholizismus. Kurt Hiller gab 1912 unter dem Titel ›Die Welt
der Aufklärung‹ Steiners Gesammelte Aufsätze heraus; in seinem
Vorwort verweist Hiller auf die »grausame Kälte und Schärfe in
der Konversation«, die jedem, der Steiner begegnete, zu schaffen
gemacht habe. Es ist kaum zu bezweifeln, daß Thomas Mann
diese Aussage aus Hillers Vorwort auf sein Naphta-Bild übertragen
hat.

Anderes dürfte noch wichtiger sein: Naphta erinnert Thomas Mann grundsätzlich an jenen revolutionären Typus des russischen Juden, der ihm in Trotzki und, in den Tagen der Münchner Räterepublik, in Eugen Leviné lebendig wurde. Am 2. 5. 1919 notiert sich Thomas Mann im Tagebuch: »Wir sprachen auch von dem Typus des russischen Juden, des Führers der Weltbewegung, dieser sprengstoffhaften Mischung aus jüdischem Intellektual-Radikalismus und slawischer Christus-Schwärmerei. Eine Welt, die noch Selbsterhaltungsinstinkt besitzt, muß mit aller aufbietbaren Energie und standrechtlichen Kürze gegen diesen Menschenschlag vorgehen.« Umgekehrt hat gerade die asketisch-strenge Geistigkeit einiger Frühkommunisten Thomas Mann tief beeindruckt (er erwähnt vor allem Bulgakow). Er hat diese Intellektuellen mit jenen kriegerischen Mönchstypen des Mittelalters in eins gesehen, die, »asketisch bis zur Erschöpfung« und ohne des Blutes zu schonen, den »Gottesstaat, die Weltherrschaft des Übernatürlichen« herbeiführen wollten (III, 620). Auf diesen Gottesstaat war er bei der Lektüre von Heinrich von Eickens Buch über ›Mittelalterliche Weltanschauung‹ aufmerksam geworden, und es war ihm aufgefallen, daß von diesen Mönchen, dann aber auch von den Jesuiten, der Gottesstaat mit den gleichen rigorosen Mitteln hätte erzwungen werden sollen wie später von den Kommunisten die »Diktatur des Proletariats« (III, 559).

Was Thomas Mann an diesen Bewegungen faszinierte, war ihre zielgerichtete Eindeutigkeit – und die Rücksichtslosigkeit, mit der sie ihr Ziel zu erreichen suchten. Diese Faszination befremdet; sie ist nur zu verstehen als Reaktion auf die Orientierungsschwäche, unter der er nach dem Ersten Weltkrieg litt. Thomas Mann prüfte ja damals buchstäblich alle Richtungen des politischen Fächers, von der kommunistischen bis zur deutsch-national-kaisertreuen. Er wußte eigentlich nur, daß er sich unter keinen Umständen Heinrichs *entente*-freundlichem Demokratie-Credo anschließen wollte. Und so läßt er Naphta gegenüber Settembrini die härtesten Prinzipien vertreten. Daß Thomas Mann diesen Prinzipien gerade wegen ihrer Eindeutigkeit auf die Dauer keine Unterstützung gewähren konnte, wird im Roman spätestens bei Naphtas Selbsterschießung klar.

Was wir den Tagebüchern an Aufschlüssen und interpretatorischer Sicherheit zu verdanken haben, wird also bei der Figur Naphtas ganz besonders deutlich.

4

Hans Castorps Schnee-Vision hat die Interpreten von jeher am meisten beschäftigt[12]. Sie wird von Thomas Mann über Seiten hinweg so eindringlich vorbereitet, daß ihr zweifellos großes Gewicht zukommt. Die Skiwanderung ist eine gesteigerte Wiederholung der Anfahrt ins Hochland. Die Steigerung besteht darin, daß hier nicht nur das Abgleiten in die Desorientiertheit erzählt wird (und dies in läßlich-spaßiger Analogie zu einer Hadesfahrt, die nicht den Mythos meint, sondern eine Parodie des Mythos), sondern daß vielmehr der Durchbruch zu durchaus ernstgemeinten Menschheitsmythen geschieht oder erzwungen wird – zwischen Geschehen und Machen läßt sich hier nicht unterscheiden. Castorp dringt in die »weißliche Transzendenz« des Todes vor (III, 661), und dahinter treten ihm groß und geisterhaft die Menschheitsmythen von olympischem Frieden und Orkusgreueln entgegen. Castorp wird im Traum zum Himmel- und Höllenfahrer, er wird zur mythischen Figur.

Zunächst tauchen Bilder des schönen Lebens in ihm auf, eine südliche Landschaft, die ihn an »das Mittelmeer, Neapel, Sizilien etwa oder Griechenland« erinnert. Er hat diese Landschaft nie gesehen. Dennoch »erinnert« er sich (III, 678). Der Traum von den »Sonnen- und Meereskindern« (III, 679) ist der seit je von Menschen geträumte Traum vom goldenen Zeitalter, vom Paradies – in Freuds Terminologie ein »Menschheitstraum«. »Man träumt«, legt sich das Castorp nachher im Halbschlaf zurecht (III, 684), »nicht nur aus eigener Seele, [...] man träumt anonym und gemeinsam, wenn auch auf eigene Art. Die große Seele, von der du nur ein Teilchen, träumt wohl mal durch dich, auf deine Art, von Dingen, die sie heimlich immer träumt [...].« Schopenhauerisch: in Castorp träumt der Weltwille seine Mythen. Diese Mythen erinnern an Goethes Italien-Erlebnis (auch Goethe fühlte sich damals »erinnert«), an Wilhelm Meisters »Pädagogische Provinz«, an Ludwig von Hofmanns arkadische Bilder, an Wagners heimatliche Wartburg-Landschaften – sie erinnern an *alle* literarischen Träume, in denen sie sich erneuert haben.

Das gleiche gilt von der Schreckensvision des Blutmahls, wo im ägyptisch anmutenden Tempel die zwei Zottelweiber mit den Hexenbrüsten ein Kind zerreißen und verschlingen, daß ihnen die Knöchlein im Maule knacken. Auch diese Todes- und Höllenstätte ist ubiquitär: die Parzen, die Fäuste schüttelnd, rufen Castorp im Volksdialekt seiner Heimat Unflätigkeiten nach. Daß sie es mit stimmloser Stimme tun, scheint mir auf ihre Herkunft hinzuweisen: es ist Nornengeflüster, was ihn verfolgt (III, 683).

Die Landschaften, die Menschen und Unmenschen, die Castorp im Traume sieht, machen Nietzsches metaphysische Prinzipien des Apollinischen und Dionysischen anschaulich: Castorp erblickt, wie es in der ›Geburt der Tragödie‹ beschrieben ist, die »Wurzeln« des »olympischen Zauberbergs«, jene Zone der Schrecken und Entsetzlichkeiten, vor die die Griechen, um überhaupt leben zu können, den apollinischen Traum von Licht und Maß gestellt haben. Dieser Traum soll die dionysischen Greuel verstellen: die im Wein- und Blutrausch erlebbaren Qualen und Lüste des Zerrissenwerdens.

In der ›Geburt der Tragödie‹ wird die statuarische Antike der Winkelmann, Goethe und Schiller verabschiedet und durch eine ersetzt, die auch Rausch und Todesgrauen kennt. Was Castorp erlebt und Thomas Mann durch ihn fordert, ist eine Humanität, die auch den Tod miteinbezieht. Castorp erkennt, daß der schöne Traum und das nächtliche Grauen gleichermaßen zum menschlichen Dasein gehören, und er leitet aus seiner Vision den Moralsatz ab, daß er »um der Güte und Liebe willen dem Tode keine Herrschaft einräumen« wolle über seine Gedanken (III, 686).

Daß Castorp seinen Traum gleich wieder »vergißt«, hat viele Interpreten irritiert. Zur Beunruhigung besteht aber kein Grund: Castorp hat das alles ja schon immer gewußt und wird es weiterhin wissen. Seine Vision hat es ihm so deutlich wieder vergegenwärtigt, daß er's »für immer weiß« (III, 686), auch wenn er es zeitweilen vergessen sollte.

5

Peeperkorn ist im Sinne der Vision der Gebieter über Leben und Tod. Er verfügt über eine gewaltige Vitalität und setzt seinem Leben ein Ende, sobald diese Vitalität ermattet und die Fülle seines Gefühls dem Unvermögen, der Impotenz, weicht. Peeperkorns enge Verbindung mit der Natur wird in jener Szene am deutlichsten, wo er als eine Art »Heidenpriester« vor dem Wasserfall tanzt und sich gewissermaßen mit dem Element vereint (III, 862).

Peeperkorn steht zunächst in der Nachfolge Goethes, und was sich aus Castorps Hinwendung zu Peeperkorn herauslesen läßt, ist Thomas Manns seit 1921 immer entschiedener hervortretende »imitatio Goethe's«. Schon in den ›Betrachtungen‹ (XII, 505), dann wieder in ›Goethe und Tolstoi‹ wird Goethe als großer Plastiker und Naturfrommer, als Mann der »Lebensandacht« beschrieben. Thomas Mann stellt dabei Goethes »Naturadel« der christlichen Askese und Weltfeindschaft gegenüber (IX, 88 f.). Im ›Zauberberg‹ erscheint Goethe-Peeperkorn als großer Mann schlechthin. Ihm gegenüber »verzwergen« Settembrini und Naphta zu bloßen Schwätzerchen.

Nun ist aber Peeperkorn ja nicht über jeden Zweifel erhaben, darauf weisen nur schon sein schütterer Kinnbart und seine zu kleinen Augen hin (III, 760). Das Bild des Heidenpriesters erhält bei aller Großmächtigkeit einen komischen Einschlag, und wir wissen, welche Bewandtnis es damit hat: In Peeperkorn ist auch Gerhart Hauptmann porträtiert. Thomas Mann hat diesen um seine Vitalität, insbesondere sein immenses Schreib- und Trinkvermögen beneidet. Er hat keine Gelegenheit vorbeigehen lassen, sich über Hauptmanns ungoethisch-kleine Augen und vor allem über dessen vage Begrifflichkeit lustig zu machen. Als er den ›Ketzer von Soana‹ (1918) las, hat er sich zweifellos an Hauptmanns verschwommenem Naturmystizismus gestoßen. (Das hat ihn aber nicht daran gehindert, das Adler- und Wasserfallmotiv aus diesem Roman in den ›Zauberberg‹ herüberzuziehen.) Das Schlimmste war nun, daß auch Hauptmann Goethe imitierte und damit Thomas Mann im Wege stand. Es gab damals Photographien des Weimarer Goethe-Schiller-Denkmals, auf denen man zwischen Goethes und Schillers Kopf den Hauptmanns einmontiert hatte. Darunter stand: »Ich sei, gewährt mir die Bitte...« Die Nachfolge Goethes wollte Thomas Mann aber allein antreten, und aus dieser Rivalität heraus hat er Hauptmann klein gemacht, wo er konnte. Die Peeperkorn-Karikatur ist ein verkappter Mord an Hauptmann.

Peeperkorn, das ist nicht neu, ist indessen noch in weiteren Zusammenhängen zu sehen. Mythologisch betrachtet, ist er eine Mischung von Dionysos und Christus. Wenn der Wein wie Blut über sein Laken fließt, die Einheit von Rausch und Qual andeutend, erscheint er als der sich zerreißende Gott. Er spritzt sich das Gift aus einer künstlichen Schlange selbst. Gleichzeitig ist er Christus am

Ölberg, sein Gelage mit den zwölf Berghofgästen gemahnt ans letzte Abendmahl. Auf dem Totenbett liegt er »mit schräg geneigtem Kopf« (III, 865) – es ist die Haltung des Crucifixus.

Die Vereinigung von Dionysos und Christus weist auf Nietzsche, der seine letzten Briefe mit »Dionysos« und »Der Gekreuzigte« unterzeichnet hat. Und sie verweist wieder auf Gerhart Hauptmann, von dem Thomas Mann noch 1952 geschrieben hat (IX, 812): »Der Gekreuzigte und Dionysos waren in dieser Seele mythisch vereinigt, wie in derjenigen Nietzsche's, – der Schmerzensmann, der Mann von Gethsemane, und der das Gewand im sakralen Tanze raffende Heidenpriester . . .«

Zum Schluß: Es läge in der Richtung der Goethe-imitatio, den ›Zauberberg‹ als Bildungsroman zu deuten. Thomas Mann hat das selbst getan, zuerst 1921 und dann immer wieder[13]. Am 30. August 1925 schreibt er z. B. in einem Brief an den Sanitätsrat Dr. Hugo Freund, es handle sich im ›Zauberberg‹ letzten Endes »um Kritik und Überwindung der als Todesfaszination verstandenen Romantik zugunsten des Lebensgedankens und eines neuen Humanitätsgefühls. Das aber hat mit Liebe mehr zu thun, als diejenigen sehen, die dem Roman Herzlosigkeit und Cynismus zum Vorwurf machen.« Was gilt nun? Steht der ›Zauberberg‹ für Bildungs- und Zukunftsglauben, oder ist er ein Dokument der Skepsis und der Ungläubigkeit? Die Frage muß genau geprüft werden.

Seit der Arbeit an ›Goethe und Tolstoi‹ (1921) hat Thomas Mann immer wieder versucht, Castorp in die Nachfolge Wilhelm Meisters zu stellen. Seinen Begriff der »Steigerung« rückt er in die Nähe des Goetheschen Bildungsbegriffs. Im ›Wilhelm Meister‹ bedeutet Bildung soviel wie Herausbildung des »Inbildes« (Böhme), d. h. des geheimnisvollen, unzerstückelbaren Kerns des Individuums. Sie ist Entelechie: Bewegung auf ein Ziel hin, das einer schon in sich trägt. Thomas Mann verwendet, wenn er von Steigerung spricht, Begriffe aus dem Arsenal »alchimistisch-hermetischer Pädagogik« (III, 705, 827), er spricht von »Illuminiertheit, Läuterung, Stoffverwandlung und Stoffveredlung, Transsubstantiation«, bedient sich also der Terminologie freimaurerischer Schriften, die er damals gelesen hat. Das hat mit Goethes Vorstellungen pflanzenhaften Wachsens, stufenweiser Entfaltung und metamorphotischer Verwandlung nichts zu tun.

Es fehlen der ›Zauberberg‹-Geschichte nur schon alle äußern Merkmale der Gattung: Der Held ist keine Persönlichkeit, er verhält sich passiv-reflektiv; das Ziel, auf das er hinlebt, ist weder ihm noch dem Verfasser bekannt (Goethe dagegen spricht davon, er habe seinen Wilhelm Meister auf sein Ziel »hingeängelt«). Castorp wird denn auch nie erwachsen: Er ergreift keinen Beruf, er findet keine Natalie, er gründet keine Familie. Es fehlt die Tat, das Kind, das Soziale.

Das aber heißt: Der Gedanke der Lebens- und Zukunftsgläubigkeit[14] leuchtet im Roman wohl auf, er vermag sich aber nicht durchzusetzen. Das wird erst im ›Joseph‹ möglich; im ›Zauberberg‹ bleibt es eine bloße Velleität. Thomas Mann hat das von Anfang an geahnt: »Dieser wunderliche Bildungsroman«, schreibt er in einem Brief vom 14. 12. 1921, »führt doch eigentlich auch wieder aus dem ›Verfall‹ nicht heraus, er wird das, was den guten Hans Castorp vor der Bergverzauberung geschützt hätte, wenn es ihm eben nicht gefehlt hätte, kaum noch aufnehmen, und zwar, weil mein eigenes Leben es wahrscheinlich nicht mehr aufnimmt...«[15]

Castorp verfällt am Schluß des Romans der Lähmung, dem »großen Stumpfsinn«, der »großen Gereiztheit«. Damit soll auch ein Zeit-Phänomen gemeint sein – Castorp ist ja nach dem Willen des Autors schon längst zu einem Vertreter der ganzen europäischen Vorkriegsgesellschaft geworden. Daß er am Krieg teilnimmt, ist kein sittlicher Entschluß. Die übermächtige Woge des Lebens – das ist eine schopenhauerische Vorstellung – schwemmt ihn von seiner »Balkonloge« (III, 231) auf ein Schlachtfeld, wo er, das Lied vom Lindenbaum auf den Lippen und damit die »Sympathie mit dem Tode« im Herzen, dem Blick des Lesers entschwindet. Daß im Schlußsatz nochmals nach jener Liebe gefragt wird, von der Castorp nach seinem Humanitätstraum gesprochen hat, vermag den Romanausgang nicht zu erhellen. Die drei Gedankenexperimente, die der Autor im zweiten Teil des ›Zauberberg‹-Romans seinem Helden mitgeteilt hat, vermögen ihn nicht zu tragen.

Wie aber verhielt sich Thomas Mann selbst? Er lebte ja über den Krieg hinaus. Er hat selbst immer wieder versucht, gegen die »Sympathie mit dem Tode« anzukommen, sich dem Nihilismus und dem Pessimismus zu entziehen. Dem hektischen »Lebensja« Nietzsches

(den Vorstellungen Übermensch, Wille zur Macht, ewige Wieder-
kehr) vermochte er sich nie anzuschließen. Größeres Gewicht er-
hielten da Goethe, Freud und das Hermes-Bild, wie Kerényi es ihm
zur ›Joseph‹-Zeit nahelegte. Von einer endgültigen Überwindung
des romantischen Todestriebes durch goethesche Lebensfreundlichkeit und -traulichkeit, durch analytische Erhellung des seelischen
Wurzelreichs, durch den Lichtstrahl des mondischen Hermes kann
indessen nicht gesprochen werden. Das Neben- und Gegeneinander
von Todesfaszination und Lebensfreundlichkeit ist es ja gerade, was
Thomas Manns Werk zu einem so abenteuerlichen Drama macht.

Anmerkungen

Zitiert wird nach: Thomas Mann, Gesammelte Werke in dreizehn Bänden, Frankfurt am Main 1974 [Band, Seite].

1 Thomas Mann braucht den Ausdruck am 9. 7. 1919 im Tagebuch, und zwar in Hinsicht auf Oswald Spenglers ›Untergang des Abendlandes‹. Am 7. 4. 1919 bezeichnet er die ›Betrachtungen eines Unpolitischen‹ als »intellektuale Dichtung«.

2 Thomas Mann am 3. 8. 1915 an Paul Amann, in: Herbert Wegener (Hrsg.), Briefe an Paul Amann 1915–1952, Lübeck 1959, S. 29.

3 Vgl. Hans Bürgin / Hans-Otto Mayer (Hrsg.), Briefe Thomas Manns. Regesten und Register, Frankfurt am Main 1976, Bd. I, S. 402.

4 Tagebuch, 20. 4. 1919.

5 Die Senatorin Julia Mann zog Ostern 1892 mit den drei jüngsten Kindern (Julia, Carla, Victor) nach München. Thomas Mann kam zu Oberlehrer Dr. phil. Johann Heinrich Christian Hupe (1852–24. 12. 1892), dann zu Dr. phil. Johann Heinrich Timpe (1837–1895) in Pension. Timpe hatte 9 Kinder, darunter Wilhelm Heinrich, geb. 24. 8. 1876. Dieser wird in den Briefen an Otto Grautoff und im Tagebuch verschiedentlich erwähnt.

6 Vgl. Hans Wysling, Narzißmus und illusionäre Existenzform. Zu den ›Bekenntnissen des Hochstaplers Felix Krull‹. Thomas-Mann-Studien V, Bern und München 1982, S. 362.

7 Vgl. dazu die Arbeiten von Karl Werner Böhm (1984) und Gerhard Härle (1986).

8 Tagebuch, 14. 7. 1920, 25. 7. 1920, 17. 10. 1920.

9 Vgl. Notiz zum Ehe-Kapitel im ›Krull‹ (Thomas-Mann-Studien V, 425).

10 Tagebuch, 14. 4. 1919.

11 Herbert Lehnert (1982) und Hans Wißkirchen (1986) haben die Tagebücher 1918–1921 im Hinblick auf den ›Zauberberg‹ und als erste ausgewertet. Thomas Manns Notate werfen vor allem auf die Naphta-Figur ein klärendes Licht.

12 Vgl. insbesondere Helmut Koopmann, Der klassisch-moderne Roman in Deutschland. Thomas Mann, Alfred Döblin, Hermann Broch, Stuttgart 1983, S. 49 ff.

13 Vgl. Tagebuch, 15. 6. 1921; Dichter über ihre Dichtungen 14 / I, S. 465 ff. – Zum ganzen Komplex vgl. Børge Kristiansen (²1986).

14 Dichter über ihre Dichtungen, 14 / I, S. 554.

15 Dichter über ihre Dichtungen, 14 / I, S. 465.

Reinhard Baumgart, geboren 1929 in Breslau, Studium der deutschen und englischen Literaturwissenschaft und der Geschichte in München, Glasgow, Freiburg, Dissertation über Thoma Mann, Lektor an der Universität Manchester und in einem Münchner Verlag, seit 1962 freier Schriftsteller in Grünwald bei München. Schrieb Romane, Erzählungen, Essays, Kritiken, Filmdrehbücher; letzte Buchveröffentlichungen: ›Wahnfried. Bilder einer Ehe‹ (1985), ›Glücksgeist und Jammerseele‹, Essays (1986), (mit Michael Mrakitsch) ›García Lorca und Granada‹ (1988).

Joachim Kaiser wurde 1928 in Milken in Ostpreußen geboren. Er studierte Musik- und Literaturwissenschaft und trat schon früh als Literatur-, Theater- und Musikkritiker hervor. Er ist ordentlicher Professor an der Stuttgarter Hochschule für Musik und darstellende Kunst und lebt seit 1958 in München. Bekannt wurde Professor Kaiser nicht nur durch seine Mitarbeit im Feuilleton der *Süddeutschen Zeitung*, sondern auch durch Rundfunk- und Fernsehsendungen. Unter anderem schrieb er: ›Grillparzers dramatischer Stil‹ (1961), ›Große Pianisten in unserer Zeit‹ (1965), ›Kleines Theaterbuch‹ (1965) und ›Beethovens 32 Klaviersonaten und ihre Interpreten‹ (1976).

Kurt Sontheimer wurde 1928 in Gernsbach/Baden geboren. Nach dem Studium der Geschichte, der Soziologie und der Politikwissenschaften promovierte er 1953 und wurde 1960 ordentlicher Professor für Politische Wissenschaft zunächst an der Universität Freiburg, 1960–1962 an der Pädagogischen Hochschule Osnabrück, 1962–1969 am Otto-Suhr-Institut der Freien Universität Berlin und seit 1969 am Geschwister-Scholl-Institut der Universität München. Seine wichtigsten Veröffentlichungen: ›Antidemokratisches Denken in der Weimarer Republik‹ (1961, 2. Aufl. 1983), ›Thomas Mann und die Deutschen‹ (1962), ›Grundzüge des politischen Systems der Bundesrepublik Deutschland‹ (1971, überarb. Neuausg. 1989), ›Das politische System Großbritanniens‹ (1972), ›Die DDR-

Politik, Gesellschaft, Wirtschaft‹ (zus. mit Wilhelm Bleek, 1972, 5. neubearb. Aufl. 1979), ›Das Elend unserer Intellektuellen‹ (1976), ›Handbuch des politischen Systems der Bundesrepublik Deutschland‹ (zus. mit H. H. Röhring, 1978), ›Die verunsicherte Republik‹ (München 1979), ›Zeitenwende? – Die Bundesrepublik zwischen alter und alternativer Politik‹ (1983).

Peter Wapnewski wurde 1922 in Kiel geboren. Nach dem Studium der Germanistik und anderer Fächer der Philosophischen Fakultät und der Promotion wurde er zum Professor der Germanistik zunächst an die Universität Heidelberg, später nach Berlin und Karlsruhe, seit 1980 wieder nach Berlin berufen. Peter Wapnewski ist Gründungsrektor des Wissenschaftskollegs zu Berlin (Institute for Advanced Study); seit 1986 ist er Ständiges Wissenschaftliches Mitglied am Wissenschaftskolleg zu Berlin (Permanent Fellow). Seine Hauptarbeitsgebiete sind Literatur des Mittelalters und des 19. und 20. Jahrhunderts; Bücher und Aufsätze über Walther von der Vogelweide, Hartmann von Aue, Wolfram von Eschenbach, Gottfried von Straßburg und Richard Wagner.

Hans Wysling, geboren 1926, Ordinarius an der Zürcher Universität, leitet seit 1961 das Thomas Mann-Archiv der Eidgenössischen Technischen Hochschule in Zürich. Unter seinen Thomas Mann-Publikationen: Edition ›Thomas Mann – Heinrich Mann. Briefwechsel‹ (1968); ›Bild und Text bei Thomas Mann‹ (unter Mitarbeit von Yvonne Schmidlin) (1975); ›Thomas Mann heute‹ (1976); ›Narzißmus und illusionäre Existenzform. Zu den Bekenntnissen des Hochstaplers Felix Krull‹ (1982). In der Reihe ›Dichter über ihre Dichtungen‹ gab er (unter Mitwirkung von Marianne Fischer) drei Thomas Mann-Bände heraus (1975–1981).

Bitte umblättern:

Thomas Mann

Fischer Taschenbuch Verlag

Thomas Mann

Die Essaybände

Essays
Band 1: Ausgewählte
Schriften zur Literatur
Begegnungen mit Dichtern
und Dichtung
In Zusammenarbeit mit
Hunter Hannum herausgegeben
von Michael Mann
Band 2: Politische Reden
und Schriften
Ausgewählt, eingeleitet
und erläutert von
Hermann Kurzke
Band 3: Schriften über
Musik und Philosophie
Ausgewählt, eingeleitet
und erläutert von
Hermann Kurzke
3 Bände: 1906, 1907, 1908

**Goethe's Laufbahn
als Schriftsteller**
Zwölf Essays und
Reden zu Goethe
Band 5715

**Betrachtungen
eines Unpolitischen**
Mit einem Vorwort
von Hanno Helbling
Band 9108

Wagner und unsere Zeit
Aufsätze, Betrachtungen
Briefe
Herausgegeben von Erika Mann
Mit einem Geleitwort
von Willi Schuh
Band 2534

Die Briefbände

**Thomas Mann
Briefwechsel mit seinem
Verleger Gottfried
Bermann Fischer
1932–1955**
Herausgegeben von
Peter de Mendelssohn
Band 1566

Briefe
Herausgegeben von
Erika Mann
Band 1: 1889–1936
Band 2136
Band 2: 1937-1947
Band 2137
Band 3: 1948-1955
und Nachlese
Band 2138

**Eine Chronik
seines Lebens**
Zusammengestellt von
Hans Bürgin und
Hans-Otto Mayer
Band 1470

Fischer Taschenbuch Verlag

Thomas Mann
Selbstkommentare

›Der Erwählte‹
Informationen und
Materialien zur Literatur
Band 6890
Im Juni 1917, als er für die
›Betrachtungen eines Unpoliti-
schen‹ das Kapitel ›Von der
Tugend‹ schrieb, erinnerte er im
Zusammenhang mit der Musik
Palestrinas an »die Morgenglocken
von Rom«; gut dreißig Jahre spä-
ter, im Januar 1948 begann er seine
»mittelalterliche Legenden-
Novelle« ›Der Erwählte‹ mit dem
Kapitel ›Wer läutet?‹. Im Oktober
1950 klang der Roman im Kapitel
›Der sehr große Papst‹ mit eben
diesen Glocken aus.

›Königliche Hoheit‹
›Bekenntnisse des
Hochstaplers Felix Krull‹
Informationen und
Materialien zur Literatur
Band 6891
Vom Sommer 1905 bis zum
Februar 1909 arbeitete er, von gelegentlichen Aufsätzen unterbrochen,
an einem Gegenstück zu ›Tonio
Kröger‹, wie er seinen Plan erstmals im Dezember 1903 in einem
Brief an Walter Opitz bezeich-
nete; vom Januar 1910 bis ins Jahr
1913 und, nach sehr langer Pause,
von Januar 1951 bis zum April
1954 schrieb er »an dem ›Krull‹ zu
meiner Unterhaltung langsam weiter ohne zu wissen, ob das Ding je
fertig wird, was jedenfalls eine
Sache von Jahren wären«
(20. August 1951 an Jonas Lesser).

Fischer Taschenbuch Verlag

Literaturwissenschaft

Eine Auswahl

Fischer Taschenbuch Verlag

Peter de Mendelssohn

S. Fischer und sein Verlag
1487 Seiten. Leinen im Schuber

Schmerzliches Arkadien
176 Seiten. Geb.
Wolfgang Krüger Verlag

Unterwegs mit Reiseschatten
Essays. 303 Seiten. Geb.

Unterwegs
Peter de Mendelssohn zum 70. Geburtstag
125 Seiten. Leinen

Der Zauberer
Das Leben des deutschen Schriftstellers
Thomas Mann. Erster Teil 1875 – 1918.
1187 Seiten, Leinen im Schuber

Der Geist in der Despotie
Versuche über die moralischen Möglichkeiten
des Intellektuellen in der totalitären Gesellschaft
Fischer Taschenbuch Band 5738

Die Geburt des Parlaments
Essays. Fischer Taschenbuch Band 2524

Nachbemerkungen zu Thomas Mann 1
›Buddenbrooks‹, ›Der Zauberberg‹, ›Doktor Faustus‹,
›Der Erwählte‹
Fischer Taschenbuch Band 5770
Nachbemerkungen zu Thomas Mann 2
›Frühe Erzählungen‹, ›Späte Erzählungen‹,
›Leiden und Größe der Meister‹
Fischer Taschenbuch Band 5771

S. Fischer · Fischer Taschenbuch Verlag

Biographien zur Weltliteratur

William Byron
Cervantes
Der Dichter des Don
Quijote und seine Zeit
Band 5630

Karl Otto Conrady
Goethe
Leben und Werk
2 Bände: Bd. 5670 / 5671

Peter Lahnstein
Schillers Leben
Band 5621

Günter Blöcker
Heinrich von Kleist
oder Das absolute Ich
Band 1954

Madame de Staël
Kein Herz,
das mehr geliebt hat

Eine Biographie in Briefen
Herausgegeben von
Georges Solovieff
Fischer

Rüdiger Safranski
E.T.A. Hoffmann
Das Leben eines
skeptischen Phantasten
Band 5662

Madame de Staël
Kein Herz, das
mehr geliebt hat
Herausgegeben von
Georges Solovieff
Band 5653

Rudolf Kayser
Stendhal oder Das
Leben eines Egotisten
Band 5606

Wolfgang Leppmann
Gerhart Hauptmann
Leben, Werk und Zeit
Band 5683

Theodor Lücke
Victor Hugo
Roman seines Lebens
Band 5644

Elias Bredsdorff
Hans Christian Andersen
Des Märchendichters
Leben und Werk. Band 5611

Frederick Brown
Jean Cocteau
Eine Biographie. Band 5640

Fischer Taschenbuch Verlag

Erzähler–Bibliothek

Joseph Conrad
Die Rückkehr
Erzählung. Band 9309

Tibor Déry
Die portugiesische
Königstochter
Zwei Erzählungen
Band 9310

Fjodor M. Dostojewski
Traum eines lächerlichen Menschen
Eine phantastische Erzählung
Band 9304

Ludwig Harig
Der kleine Brixius
Eine Novelle. Band 9313

Abraham B. Jehoschua
Frühsommer 1970
Erzählung. Band 9326

Franz Kafka
Ein Bericht für eine
Akademie / Forschungen
eines Hundes
Erzählungen. Band 9303

George Langelaan
Die Fliege
Eine phantastische Erzählung
Band 9314

Thomas Mann
Mario und der Zauberer
Ein tragisches Reiseerlebnis
Band 9320
Die vertauschten Köpfe
Eine indische Legende
Band 9305

Daphne Du Maurier
Der Apfelbaum
Erzählungen. Band 9307

Herman Melville
Bartleby
Erzählung. Band 9302

Vladimir Pozner
Die Verzauberten
Roman. Band 9301

William Saroyan
Tracys Tiger
Roman. Band 9325

Antoine de Saint-Exupéry
Nachtflug
Roman. Band 9316

Arthur Schnitzler
Frau Beate und ihr Sohn
Eine Novelle. Band 9318

Anna Seghers
Wiedereinführung der
Sklaverei in Guadeloupe
Band 9321

Mark Twain
Der Mann, der
Hadleyburg korrumpierte
Band 9317

Carl Zuckmayer
Der Seelenbräu
Erzählung. Band 9306

Stefan Zweig
Brennendes Geheimnis
Erzählung. Band 9311

Fischer Taschenbuch Verlag

fi 669 / 5